刘依依◎著

此情可待成追忆

我的历史偶像　李商隐

从诗词着手，
抽丝剥茧般揭露一代才子光辉形象背后不为人知的辛苦贫寒，
剖析其仕途曲折坎坷的前因后果，
感受权势面前个人的渺小与无奈。

此情可待成追忆

电子工业出版社
Publishing House of Electronics Industry
北京·BEIJING

内 容 简 介

本书从李商隐的诗词着手，抽丝剥茧般揭露一代才子光辉形象背后不为人知的辛苦贫寒，剖析其仕途曲折坎坷的前因后果，感受权势面前个人的渺小与无奈，从而让读者了解盛唐之后唐王朝国力江河日下的真正原因。

图书在版编目(CIP)数据

此情可待成追忆：我的历史偶像李商隐 / 刘依依著. 一北京：电子工业出版社，2011.6

ISBN 978-7-121-13288-9

Ⅰ. ①此… Ⅱ. ①刘… Ⅲ. ①李商隐（812～约858）—人物研究—通俗读物 Ⅳ. ①K825.6-49

中国版本图书馆CIP数据核字(2011)第061907号

责任编辑：张　昭
特约编辑：寇国华
印　　刷：三河市鑫金马印装有限公司
装　　订：
出版发行：电子工业出版社
　　　　　北京市海淀区万寿路173信箱　　邮编　100036
开　　本：720×1000　1/16　印张：14.5　字数：187千字
印　　次：2011年6月第1次印刷
定　　价：28.00元

序 言

锦瑟无端五十弦，一弦一柱思华年。

庄生晓梦迷蝴蝶，望帝春心托杜鹃。

沧海月明珠有泪，蓝田日暖玉生烟。

此情可待成追忆，只是当时已惘然。

当青涩年华匆匆而去，一头乌发变得花白，在我们仰望天空追忆曾经过往的时候，是否也会晓梦蝴蝶，也会杜宇啼春？聆听五十弦乐声声，思往昔年华悠悠。月夜下泛着泪光的沧海明珠，抑或是蓝田山的良玉生烟，那些美好的人和事，都只能永远地留在记忆之中。那些简单的快乐，纯真的笑容，为什么在当时只觉得普普通通，未曾珍惜，而在多年以后，才感觉到曾经的惘然。

每次手捧《唐诗》读到这首《无题》的时候，我便会不自觉地陷入一种恍惚迷离的境界。诗中呈现出的意象不断地在脑海中交替闪现，却怎么也构不成一幅完整的画面。庄生迷蝶、杜鹃啼血、沧海珠泪、蓝田暖玉，在这虚虚实实的境界中，不断纠缠着我的，是一种细微而幽深错杂的情感。是失落？是向往？是怅然？还是寂寞？

李商隐这个名字，就像一个磁石，纵然相隔千年，仍然可以深深地吸引我。

李商隐（813—858），字义山，号玉溪生、樊南生。原籍怀州河内（今河南沁阳）。从祖父时起迁居郑州荥阳（今河南荥阳）。李商隐的一生经历了宪宗、穆宗、敬宗、文宗、武宗和宣宗唐六代王朝。因为平定藩镇，唐朝曾一度回光返照，出现了"元和中兴"的局面。然而很快这种局面就被打破，随之而来就是恢复藩镇割据、宦官专权、朋党斗争及回鹘、党项等少数民族的侵扰。种种政治弊病和累累腐朽衰败，终于把这个封建王朝推向了毁灭的深渊。

虽是动荡的晚唐，李商隐却是晚唐文学史上一个举足轻重的人物。他流传下来的诗歌经久不衰，影响了后世一代代人。然而，他也是文学史上争议颇多的一位诗人，他的一生短暂曲折，空有一腔治国齐家的韬略，却只能四处入幕下僚，无奈失意漂泊。恩爱的妻子撒手人寰，留下年幼的子女孤苦为伴，可以说李商隐的一生是失败的。

但就是这样的李商隐，却在文坛上取得了极高的成就。他的政治诗《行次西郊作一百韵》发人奋进；他的咏史诗《隋宫》借古讽今；他的咏怀诗《安定城楼》，看似随意，却意味深长；他的咏物诗《登乐游原》苍凉沉重，忧从中来；而朦胧诗更是他的一大创作。

李商隐是一个出色的诗人，却是一个不合格的官吏。他不善于权衡政治斗争中的利害关系，常常情感用事，这使得他在夹缝中生存，有苦难言。很多事不能不说，却也不能直说，最终李商隐以这种寄托讽喻的方式创作了朦胧诗。借用他自己的话就是"为芳草以怨王孙，借美人以喻君子"。

李商隐的《无题》诗大多以爱情为题材，辞藻缤纷艳丽，意境隐晦朦胧，情调忧郁感伤，把自己一生不断交织的希冀与失落的凄楚心境，以恋情为依托表达在诗中，而他真正的感慨，也同样埋藏在了晦涩难懂的典故里，让后世人费尽心思地猜测与揣摩。

就拿这首《锦瑟》来说，纵观字面那华丽的神游境界，不难把它与凄美的爱情联系到一起。可也有人说，在阅尽人生，苍暮之年，诗人是在自哀身世。但不管怎么样，在李商隐缠绵的情感世界里，在其短暂而又坎坷的一生中，我们不得不思考，为什么他可以创作出经久不衰的诗歌？为何这些诗歌在经历千年的风雨淘洗、岁月浸濯后，却依然不减丝毫华美？

让我们泡上一杯茶，在缕缕茗香中，慢慢走近李商隐谜一样的人生。

目　录

陆

第五章 此情可待成追忆，只是当时已惘然

柒

第一章　四海无可归之地，九族无可倚之亲

一　佣书贩舂少年郎

大唐王朝用了七年零两个月的时间，终于平定了"安史之乱"。然而，"安史之乱"虽已平定，但藩镇割据的形势却逐渐形成。在唐德宗力图平藩的时候，却又引发了"二帝四王"之乱。其后唐宪宗大举用兵，平定了不少藩镇。在经历诸多风雨之后，大唐王朝国力江河日下。长年的藩镇割据早就使朝廷的统治权力名存实亡，多年的征战导致国库空虚。朝廷内外宦官勾结，贤臣屡遭排挤。最终，素有"大唐盛世"的唐王朝走向了衰弱。

唐穆宗长庆元年（公元821年）初春。

春风悄然吹起，吹走了冬日的寒冷。护城河上的冰，终于受不了这股温暖的力量，在日渐消瘦变成薄如蝉翼的晶片时，最终顺着河水飘向远方。河畔两旁的垂柳，轻荡着枝条。偶尔会有洁白轻盈的柳絮飞出，飘浮在阳光下，美得不太真实。

李商隐此时正随着在此任职的父亲李嗣居住在浙江的幕府中。"幕

府"一词起源于汉代,又称"花府"或"莲府"。到了唐代,"安史之乱"以后,节度使和刺史等官吏的权力逐渐扩大,集军权、民权、财权、政权为一体,成为地方上的最高官司,"幕府"便是他们的办事署衙。"幕府"的成员多是这些官吏自行辟聘的,有的是科考出身的进士,有的是落第的学子,还有大批的闲隐义士,所以进幕府便成了大批人士科考以外跻身仕途的另一条途径。李嗣也是幕府的一员,但并不得志。

童年时的李商隐一直跟随着父亲漂泊,他出生的时候,李嗣任获嘉县的县令。在他三岁的时候,李嗣又调任为浙东观察使。从获嘉到浙东,李商隐印象中的父亲是劳碌的,从不曾停歇的。

父亲闲暇时,总会搂着他说:"男儿要'学而优则仕',要'修身治国平天下'。李家本与当今皇室同宗,到如今却越发没落。义山定要寒窗苦读,将来踏入仕途,光耀李家门楣。"那时的他还很小,对这一切还很懵懂。他依稀记得父亲会经常发呆,有时候站在屋檐下独自凝望着天空,有时候又一个人自言自语。可是那个时候的他,根本无法理解父亲落寞的眼神和叹息声里的无奈。

李商隐并没有什么值得炫耀的家族历史,追溯到他的高祖李涉,所担任过的最高行政级别是美原县令。李商隐的曾祖李叔洪,曾任安阳县尉。李叔洪倒是一个才华横溢的人,十九岁时便中进士,与刘长卿、刘眘虚和张楚金等人齐名,更是与贺知章、包融和张旭一起合称为"关中四才子"。祖父李俌,曾任邢州录事参军;父亲李嗣,曾任殿中侍御史。在李商隐出生的时候,才任获嘉县令。这些皆是小吏幕僚,最大也只是做到了县令。

有些史书上记载,李商隐的远祖与大唐李氏的先祖是同族,原籍皆属于陇西成纪。晋朝凉武昭王李暠是汉代名将飞将军李广的第十六世孙,而唐高祖李渊是李暠的第七代孙,是李广的第二十三代孙。而据说李广和李暠又都是陇西成纪人,所以李商隐成了李暠的第十五代世裔孙，李广的三十一代世裔孙。

后来经张采田考证，确认李商隐是唐代皇族的远房宗室，但却没有官方的属籍文件证明此事。其实李商隐到底是不是名门之后，是不是与皇族同宗并不重要，尽管李商隐在后来的很多诗中强调过"我系本王孙"（出自《哭遂州萧侍郎二十四韵》）。但这种所谓的"王孙"身份在他后来悲惨的人生境遇中，并没有起到实质性的作用。

就在这一年的春天，李嗣，李商隐的父亲在一个到处洒满阳光的早晨死在了幕府里，那年李商隐九岁。

父亲任职的幕府给其安排了简单的仪场。父亲生前拒绝结党，所以来告别的人并不多，都是一些平时交往不错的朋友。李商隐跪在灵堂前，第一次感觉到阳光的讨厌。那白晃晃的光线，总是一次次地刺痛他的眼睛，于是泪水不停地涌出来。

有人劝母亲把父亲安葬在这里，毕竟这里有他未完成的志愿。

李氏是一个安分的妇道人家，这辈子都听从于夫君的决定。但随夫多年，自是深知丈夫的心事："我的丈夫一生劳苦，疲于四处奔波。如今客死异乡，灵魂又怎么能安息？"李氏凝望着夫君的灵柩，代李嗣做了人生中的最后一个选择。

于是仅九岁的李商隐高举着引魂幡，带着更为年幼的弟弟妹妹，协助母亲把父亲的灵柩从浙江幕府一步步运回老家河南荥阳。

李商隐与母亲辛苦奔波且风餐露宿一个月之后，终于将李嗣的灵柩带回了荥阳老家。李氏跪在夫君的墓前，多少年了，再回故土，却物是人非，她心中的酸楚不言而喻。她初嫁到这里时，便随着夫君四处辗转。而经过十几年的奔波后再回到这里，与夫君竟是阴阳两隔。李氏的泪水无声地滴落在丈夫的墓碑前。她只是一个柔弱的妇人，现在拖拉着几个尚是稚童的孩子，这以后的日子要怎么办？

父亲死了，九岁的李商隐身为长子，就要挑起家庭的重任。可是安葬好父亲之后，李商隐茫然了。离开荥阳这么久，荥阳早已没有了至亲。

在李家族人的帮助下，村子里两间闲置的破落草屋便成了他们的临时落脚之处。如果用"家徒四壁"来形容这里，一点都不为过。残破的桌椅，丢了盖子的茶壶，墙角边的蜘蛛网，床沿上厚厚的灰尘。也许是太久没有人住的原因，屋子里散发着一股发霉的味道。族人们很热心，帮忙打扫完卫生之后，又送来了一些简单的食物和日用品。族里的婶婶还送来一些穿过的旧衣服，叮嘱着改一改给孩子们穿。

那是一个动乱的年代，战争使人流离失所，赋税使人一贫如洗。没有人会奢望锦衣玉食，只要能有一个遮风挡雨的地方，只要能够吃顿饱饭，已是很满足了。所以即便是破得不成样子的草屋，对于李商隐来说，这里已经是天堂了。

在同龄的孩子们还都围绕在自己父母的膝前撒娇，还在为谁多得一颗石子而争吵的时候，初步安定下来的李商隐便开始平静地思考自己以后的人生了。今后的路，我要如何去走？

当李商隐站在母亲面前，慢慢地脱下孝服时，李氏又惊又怒："不孝子！竟敢不为父亲守孝！"

古人常说守孝三年，李商隐当然也不例外。守孝期间，孝服是不可以脱掉的。所以李氏愤怒，甚至扬起手来。

李商隐抬起了头："母亲，父亲已故，我自是要守孝。可是弟弟妹妹还太小，我是家中长子，需要挣钱来贴补家用，不能让母亲一个人劳累。"

李氏抬起的手颤巍巍地放下，她不是不懂这个孩子的心事。可是他还太小，她如何舍得他出去劳作？可是她同样清楚，还有三个稚儿在等待她拉扯成人。手心与手背的肉，哪个不在牵扯着自己的心呢？

李氏簌簌地落下泪水，其中有对孩子的愧疚，有对生活的无奈，还有对命运的叹息。生逢乱世，有多少事身不由己！

　　洛阳城东，有一个叫"东甸"的地方正在统计户口。李商隐得知后，马上跑过去入了户籍。可是户籍报到洛阳以后，自己要拿什么养活母亲和弟弟妹妹呢？

　　这个年纪的李商隐，本是在学堂里读书的。可是家中遭难，身为长子的他，不得已为生活而愁苦奔波。然而九岁的少年，能做什么呢？

　　李商隐四处寻找着工作，但都因为自己年纪太小、力气不足而遭到拒绝。沮丧的李商隐第一次感觉到自己的渺小，仰天长叹时，又多了几分对命运的感叹。几经辗转寻找，李商隐终于找到了一份工作——替人家舂米。

　　那时还没有碾米机，所食的稻谷必须要靠人工才能去掉谷壳。舂米不是什么技术活，但绝对是个体力活，而且相当繁重。一口石臼有七八十公分的直径，像一个巨大的酒盅，这么大的石臼没有四个成年人的力量是抬不动的。石臼的身子埋在地下，臼口露出地面，四周用泥石抹平，方便清扫稻米。石臼的上方架着一根粗大的碓形木段，碓子的尖端有杆杆，杆的嘴子上全是铁片做成的牙子。碓形的中部是一根横穿中间可以支撑翘动的横杆，碓尾端的地下有一个深坑。当把重心移到碓尾处并向坑里用力踩压的时候，碓头便会抬起，然后重重落下。再抬起，再落下。这样不断反复，才会使稻谷壳一点点地剥落，这便是舂米了。

　　如果想完整地舂一臼米出来，这百斤重的碓头要起落三百多下，需要一个时辰的时间。这完全是一个成年男子的工作，但却是年幼的李商隐即将要做的事情。

　　在李商隐用了半个下午的时间，终于汗流浃背地舂出一臼米的时候，他早已累得虚脱，躺在了地上。

夜色渐朦胧，凉风拂过，唤醒了沉睡在地上的少年。李商隐慢慢张开眼睛，落入眸子里的是如墨的星空。晚风吹起了少年额前凌乱的长发，让人看起来格外心疼。李商隐怀里揣着辛苦挣来的几文钱，心里更坚定了自己的目标。即使路再难，也要走下去！

李商隐在这个时候，遇上了一个对他一生都影响很大的人——他的堂叔，即他的启蒙老师，更是在他贫寒的生活中不断给予照顾的长辈。在《请卢尚书撰故处士故臧李某志文状》中，李商隐曾提到过这位堂叔，后来又在《祭处士房叔父文》中曾写到："某爱在童蒙，最承教诱。违诀虽久，意旨长存。"可见他对这位堂叔的感激之情。

贫苦的家境让李商隐没钱上学堂，然而这更加激发了他对知识的渴望。李商隐所表现出来的聪慧让堂叔十分欣喜，于是决定亲自授教于他。

李商隐的这位堂叔很有才华，曾经上过太学，但始终没有为官，一生都隐居山野。李商隐后来回忆说，堂叔在经学、小学、古文和书法各方面都很有造诣，"通五经，咸著别疏。遗略章句，总会指归……小学通石鼓篆与钟蔡八分，正楷散隶，咸造其妙"。可以想象，这位堂叔是何等的博学多才，"通五经，咸著别疏"可不是一般人所能做到的。李商隐在后来写的很多诗中，经常会出现一些虚无缥缈的幻境和奇奇怪怪的典故，有些直到今天都无法译解其真正含义。如今想来，很有可能是与这位堂叔有关。由此也不难推断，李商隐幼时的小学和书法也应该有很深的造诣（出自《请卢尚书撰故处士姑臧李某志文状》）。

于是李商隐和弟弟羲叟，还有同祖父的堂兄弟宣岳一起跟着堂叔学习。在经过一段适应期后，李商隐对舂米的工作已经掌握得比较熟练。从以前去别人家里舂米挣钱，改为收些稻谷在自己家中舂米卖钱。每日在安排好劳作时间后，李商隐最喜欢做的事便是跟着堂叔做学问。堂叔屋里的藏书被他通读了个遍,《春秋》、《左传》和《尚书》这些经书让他不断地积累知识。书,让他认知了自己生活以外的世界。

有了叔父的关爱,李商隐重新感觉到了温暖。虽然日子过得依旧很艰难,但却比刚来时安稳了许多。自父亲过世之后,母亲每日辛苦劳作。作为长子的他,既要挣钱贴补家用,又要照顾弟妹,他觉得自己是一夜之间长大了。尽管生活赋予了他太多的磨难,但他从没有抱怨过。

在和堂叔学习的日子里,李商隐除了学识不断长进之外,书法也有了很大的进步。于是凭借着能写一手好字,李商隐很顺利地成为大户人家的雇工,开始替别人抄书了。多了一项收入,家里的生活便又稍稍好了一点。

李商隐便在这种每日舂米和抄书的繁重生活压力下逐渐成长起来,生活的苦难并没有压倒他,反而使他求学的渴望越发强烈。他知道只有好好读书,才能科考高中,才能做官,才能光宗耀祖,才能改变现在的生活状况。他始终都不曾忘记,父亲说过,一定要光耀李家门楣。

李商隐后来在《祭裴氏姊文》中回忆了自己艰苦的少年生活:

> 某年方就傅,家难旋臻,躬奉板舆,以引丹旐。四海无可归之地,九族无可倚之亲。既袝故邱,便同逋骇,生人穷困,闻见所无。及衣裳外除,旨甘是急。乃占数东甸,佣书贩舂。

李商隐说,本是读书的年纪,却家中受难,我只好举着灵幡将父亲从千里之外带回故土。可是离开这里这么久,四海内没有我可以待的地方,家族里也没有我可以依靠的人了。安葬完父亲,我却成了一个无家可归的人。这种困苦的生活是之前从未听过、也从未见到过的。死了的人可以长眠，可活着的人还要吃饭。脱下了为父亲守孝的丧服，我还要孝敬我的母亲。我把户口报到了东甸，可是要怎么养活家人呢？只有替人家抄书、贩卖舂米了。

《祭裴氏姊文》中的裴氏姐，即李商隐的大姐。她嫁夫裴允元，为河东望族故人，称"裴氏姐"。可是裴氏姐并非好命的女子，新婚不久便被夫家人逼回娘家居住，没多久便抑郁而终。而大姐去世的时候，李商隐"年方就傅"。二姐徐氏已嫁东望景亳，家里还有两个弟弟一个妹妹。

李商隐的这种贫苦生活，确实值得我们思考。然而这样的一个少年，在如此的环境下成长，也注定了他将走上少年成名的道路。

二　积骸成莽阵云深

宝历二年（公元826年）十二月初八日，夜色沉重，月黑风高。年仅十八岁的唐敬宗李湛惨遭宦官刘克明的毒手，当时的太子李普还是个只会啼哭的婴儿。国不可一日无君，谁将继承大统成了朝廷的头等大事。刘克明一伙人在匆忙掩盖弑君行为的同时，也在紧锣密鼓地密谋下一位皇帝的人选。

当天子驾崩的消息传出以后，朝野震惊。十八岁的敬宗身体健康，并无任何病情征兆。这突然的薨逝，很明显是刘克明暗中做了手脚。然而惊波还未过去，一则遗诏又让人咂舌。敬宗的遗诏宣布：以绛王勾当国事，入继大宝。

绛王是宪宗的第六个儿子，名为"李悟"。按辈分，绛王是敬宗的叔叔。叔继侄位，历史上从未有过这等先例。况且李悟为人才疏学浅，并没有什么真本事。很明显，这是刘克明一伙人为掌握大权而蓄意拥立的傀儡。

当然并不是朝中所有的臣子都畏惧宦官刘克明，当时的左右中尉魏从简和梁守谦，以及左右枢密使王守澄和杨承和四个人很快结为同盟。这四个人手握禁军的权力，早就看不惯刘克明的行径。如今帝位更迭，他们怎么能坐以待毙？

事出仓促，来不及做充分的准备。四个人一边号令所有禁军原地待命，一边派人去迎接敬宗的异母弟弟江王。此时的大唐面临着前所未有的严峻局势，即便是经验老到的王守澄也是第一次面对这般"伪君已立，师出无名"的尴尬场面。然而韦处厚说道："向奸贼正名讨罪，有何可避讳？应当立刻对外宣布宫变的消息，先在声势上寻求正义人士的支持，然后一同剿灭叛逆，拥立江王！"

于是江王就被莫名其妙地请进了神策军营，之后又被莫名其妙地拥立成为新君。江王李涵是穆宗的第二个儿子，虽然年轻，却博学多才，心怀天下。江王在宣政殿即位，改名为"昂"字，即唐文宗。文宗登基后的第一件事便是去佞幸，放出宫人，减省教坊。并且下令地方官员不再向朝廷进贡奇巧珍玩，一切皆去奢从俭。于是朝廷上下宫廷内外皆是欢声一片，百姓欢呼："太平之日可望矣！"然而文宗虽有鸿志，却生性胆小懦弱，这也注定了他无法再重现大唐盛世。

唐文宗李昂大和元年（公元827年）。

此时的李商隐正在和堂叔赶往汴州，此去他是投奔一直很欣赏他才华的朝中名士令狐楚。十六岁的少年，眼中是热切的期盼。他瘦弱的肩上，早已经担负起沉重的梦想。这是踏出的第一步，心中满怀着希望与梦想。

在通往汴州的路上，李商隐的心情无疑是愉悦的。如果仕途顺利，或许就可以功成名就，实现李家多年的夙愿。一阵风扬起了路上的沙尘，李商隐揉了揉眼睛。待尘埃落定后，他隐约地看到对面的树林里有什么东西在闪着光。李商隐好奇地走过去，却被眼前的景象惊呆了。

大片被火烧过的痕迹，残垣的树木焦黑地躺在地上。累累白骨暴晒于阳光之下，七零八落的兵器反射着日光，似乎想以此证明它们曾经的功绩。

"战争，难免会有死伤的。"堂叔长叹一口气。生于战乱年代，这是躲避不了的现实。

李同捷作乱从宝历二年开始，整整两年时间，朝廷耗费了大量国力来平乱。当捷报传来时，人们沉浸在喜悦的胜利之中。可是这战死在沙场的将士，这露晒在道旁的白骨，又有几人曾提起？李商隐潸然泪下。

《随师东》

东征日调万黄金，几竭中原买斗心。

军令未闻诛马谡，捷书惟是报孙歆。

但须鸑鷟巢阿阁，岂假鸱鸮在泮林。

可惜前朝玄菟郡，积骸成莽阵云深。

东行的一场战争，每日需要调派万两黄金作为军饷。百姓辛苦忙碌一年，仅有的一点钱粮也都被征缴了去。如果说军心要用如此多的钱粮去购买，那这个代价是不是有点太大了呢？平乱的军中从来没有被挥泪斩首的马谡，那些送捷报的都是一个又一个像虚报已斩孙歆而去领赏的将领们。建在高阁上的凤凰巢是不会被夜枭所窃据的，如果朝廷的官宦够清明，又何以让叛乱四处重生呢？在前朝，那时的沧州还是叫"玄菟郡"。那里曾经很富饶，百姓的生活安稳而祥和。可是如今，在废墟城郭间，在层层的阴云下，在战火焚烧过、鲜血浸染过的土地上到处是累累白骨，一片苍凉。

去年的时候，我还曾亲眼目睹过沧州报捷，那时地方的官吏还大肆庆功，张灯结彩。如果说这些都是平乱后最正常不过的事情，那么谁能告诉我，要怎样才能面对这暴晒在阳光下的白骨？

李商隐黯然落泪，在重新上路的时候心里又多了几分沉重。而命运的转轮，也正在悄然无声地转动。

汴州是座古城，古时称为"梁"和"汴"，又称"汴梁"（今河南开封）。早在战国时期，魏国便在此定都。但是在几经战火侵染、朝代更迭之后，这座古城早已不复魏国时的繁华。但这个在旧宫殿上重建起的刺史府，却极尽奢华。

高阔的门楼翘角飞檐，斜插入天。黑漆的大门上是两个粗大的兽形环，散发着沉重的厚实感。两头石狮子威严地蹲在府门两侧，巨目圆瞪，獠牙龇露，尽显威仪之态。

李商隐看得目不暇接，自幼贫困的他何时见过这等奢华的府邸？倒是堂叔在一旁感叹："安史之乱以后，这些官吏的权力越来越大了。一个府邸，竟是如此的气派。"

"惜贤堂"是平时令狐楚召见幕僚的地方，"惜贤堂"三个大字苍劲有力。镀了金的牌匾明晃晃地闪耀着，这是皇帝御笔亲赐的。正堂的墙上挂着一幅字，很明显是骈文，李商隐自是认得。令狐楚的骈文天下皆知，连当今天子都为之赞赏。李商隐的眼睛里流露出明显的羡慕，什么时候，自己也可以有这般荣耀呢？

在这里李商隐见到了一个影响了他一生的人——令狐楚。此时的令狐楚已经年近六十，当他看到李商隐的时候，却依然欣喜得像个孩子。在李商隐跪拜他的时候，他慌忙伸手来扶，完全忘记了一个长辈应注意的礼数。

"真没想到，能够写出《才论》和《圣论》这样文章的李义山，竟是如此的年少俊朗。"令狐楚亲切地唤着李商隐的字，丝毫没有在意他们之间的年龄差距。他笑得甚是开心，他是真的喜欢这个少年。

十六岁的李商隐，以《才论》和《圣论》两篇古文而少年成名。他的这两篇文章，让他的名字为很多朝廷的士大夫所知，而令狐楚便是其中之一。

　　李商隐的眼底泛起湿润，被人赞赏的感觉真好。眼前这个须发花白的老人，那真切而热烈的目光，让他深深地动容。还有什么比被人欣赏和理解，更让人感动的呢？

　　令狐楚宽慰地拍着李商隐的肩膀，笑问着此行可有何打算。

　　李商隐扑通一声跪地："义山家父早逝，家中尚有母亲和年幼的弟妹。义山这几年佣书贩舂，苦读诗书，本只为光宗耀祖。而如今来时路上眼见战祸后的白骨累累，现在更想报效朝廷，予百姓以安宁。"李商隐说得真切，目光中充满着坚定的信念。令狐楚微微一愣，他也曾年轻过，那样的眼神，他岂会不知道其中的含义？

　　令狐楚扶起李商隐，暗自叹了口气。他想说些什么，却又不知从哪里说起。身处在战乱的年代，不是有一腔热血便能改变什么。令狐楚冲着门口的仆人吩咐道："去唤八郎，就说李义山来了。"

　　八郎是令狐楚的第八个儿子——令狐绹，他自小便聪明伶俐，诗词歌赋样样精通，深得令狐楚的喜爱。所以当令狐绹迈进"惜贤堂"的时候，令狐楚望向他的目光格外温柔。

　　这是一个清爽的少年，高出李商隐半个头。他有着和父亲一样的热情，他急切地拉起李商隐的手，明亮的眼睛不含任何的杂质："义山贤弟，念叨你好久，如今总算来了。"

　　这一小小的举动让李商隐略为慌乱的心安稳下来，他笑了，嘴角不露痕迹。一个贫寒的少年，第一次站在豪门宅府中。在贫与富的距离世界里，在官与民的身份悬殊中，手心传过来的暖暖温度让他的心渐渐平静下来。在一个生疏而又令人惶恐的环境里，一个小小的动作都很可能会感动你，给你动力，给予你希望。在很多年以后，在李商隐与令狐绹形同陌路的时候，他追忆最多的，还是今天这副明净并令人愉快的少年的笑容，以及这掌心暖暖的温度。

令狐楚留下了李商隐，但并没有给他安排任何职务。令狐楚觉得李商隐还太小，想让他再磨炼几年。于是安排他在自己的府中住下，并决定亲自教授他自己最擅长的骈体文。李商隐感激涕零地拜过恩师，便随着令狐绹下去休息了。

这是他平生见过的最大的庭院，假山奇异，小溪慢流，九曲长廊雕梁画栋。所见之处无不精妙，所望之处无不令人叹服。他没有去过长安，但他想，皇帝的宫殿也不过如此吧？

李商隐暗自神游，却不想拐过长廊之后，听到有笛声传来。时而清丽高昂，时而低怨婉转，李商隐不自觉地驻足聆听。待笛音止住后，李商隐忍不住赞叹道："府上的乐师技法真是高超。"

令狐绹笑了："什么乐师，这是府上的另一宾客。走，我带你去见见他。"

拐进后院时，李商隐见到一个素白的身影背向而立，手中的玉笛尚在嘴边，仍保持着吹奏时的姿态。令狐绹的掌声惊动了白影，他转身回头，是一张面如软玉的素颜。

"飞卿，给你介绍李义山贤弟。"

李商隐惊呆了，这人竟是温庭筠！温庭筠的名字他早就听说过，此人是唐高宗时期宰相温彦博的后人。相传温庭筠才思敏捷，八韵一篇。他叉手一吟，便成一韵，八叉八韵即告完稿，所以人送绰号"温八叉"和"温八吟"。李商隐对此人很是钦慕，却不曾想今日会在令狐府里相遇。李商隐瞪大眼睛，早已忘记施礼。倒是温庭筠哈哈地笑起来："原来是才子李商隐啊。"

李商隐觉得，同样是年轻白净的少年，温庭筠却不同于令狐绹。他多了分乖张，多了分不羁。年轻的心总是没有芥蒂的，在先后道明身份后，三个少年便很快熟识起来。自此以后，三人便经常凑到一起，把酒吟诗，谈琴论赋。

李商隐到令狐府后的生活被令狐绹安排得井井有条,初来令狐府时,李商隐只有一个简陋的小包袱。家境窘困,他只带了一件更改过的用于换洗的衣服。令狐绹特地送来了自己的衣物,作为临时换洗之用。李商隐有些尴尬,但看着自己现有的衣物,出入府里也着实丢了恩师的脸面,所以脸色微红地收下了馈赠。令狐绹又命人来量李商隐的身高尺寸,为他赶制两套春夏的衣服。而且连他的饮食喜好和禁忌这些小事,令狐绹也都一一过问清楚,并吩咐厨房全部记下。

李商隐被感动了,深深地被感动了。李商隐带着感激的心情住进了令狐府,每日除了跟恩师学习骈文体的写作方式,其余时间他还是跟令狐绹在一起。令狐绹虽长李商隐一些,但在做学问方面还稍逊一些。在练武方面,李商隐就远不及他了。

每当令狐绹练武完毕后,他便会拉着李商隐,神秘兮兮地讲些宫中秘闻。而一直成长在乡下的李商隐,对这些宫中之事知之甚少。每次都兴味盎然,然后又愤恨不已。

原来当今皇帝敬宗特别宠信宦官,有个户县县令叫"崔发"。因为一个宦官中使犯了案子,便将这个宦官捉进了县衙。敬宗皇上知道这件事后大怒,下令放了宦官,并将崔发关入大牢里。崔发入狱不久,刚好赶上皇帝春日祈福南郊大典,按照惯例要大赦天下。崔发和所有被关押的牢犯被带到丹凤楼前等待赦令,结果这个时候有几十个宦官举着大木棒子从一旁冲了出来,照着崔发一顿乱打,直到把崔发打得头破血流昏死过去才停手。过了一会崔发醒过来,这几十个宦官再次冲上来又一顿乱打。后来多亏御台史的官吏看不过去,找了一张草席将其盖住,崔发才没有被乱棒打死。而敬宗皇帝的态度是大赦天下,不赦崔发,最后崔发又被抬回牢中关押。

李商隐听闻此事,惊骇得嘴巴都合不拢。他想不到宫廷之内还会有这等荒谬的事情发生。正感叹不可思议的时候，却见令狐绹撇撇嘴，不以为然地说："这根本不算什么，敬宗皇上贪玩废政这点与他爹穆宗相比是有过之而无不及。人家当皇帝都是每日上朝理政，可是咱们这个敬宗皇帝却是每月只上三次朝，而且每次上朝还都迟到。敬宗皇帝喜欢整日在中和殿摆宴会，看宦官击球。每次都是通宵达旦，不尽兴就不归。他最喜欢看的是手搏，别人手搏都是点到为止，可是敬宗皇帝他要看人家真打。如果不真打就要杀头，所以那些御用的手搏力士最可怜了。经常是断胳膊断腿，严重的肝胆破裂，性命不保。"

李商隐闻言大怒："朝中那么多官员，就没有人劝谏皇上吗？他们拿朝廷俸禄，就这样子做事的吗？"

令狐绹无奈地叹口气说道："怎么没有？有一次文武百官在大殿上等敬宗皇帝上朝。可敬宗皇帝迟迟不来，有年纪大的老臣体力不支差点昏倒在朝堂上。后来左拾遗谏官刘栖楚以头叩击地面，血流不止，劝皇帝说：'陛下富于春秋，嗣位之初，当宵衣求理。而嗜寝乐色，日晏方起。梓宫在殡，鼓吹日喧。令闻未彰，恶声遽布。臣恐福祚之不长，请碎首玉阶，以谢谏职之旷。'皇帝看了刘栖楚的样子很是反感，便让宰相李逢吉上前劝阻。李逢吉只好扶起刘栖楚，安慰他说：'不必再叩头了，皇上已经知道了。'刘栖楚刚站起来，头上的血迹还没有擦干净，就又对皇帝说起宦官的事。皇帝很不耐烦地挥手，刘栖楚愤愤地说：'皇上既然不听臣说话，臣就把头叩碎在这朝殿之上！'中书侍郎牛僧孺怕皇上发怒，连忙跟刘栖楚说：'你说的事皇上都知道了，不用再说了，到殿门外等候吧。'刘栖楚出去之后，敬宗皇帝便想杖责他。多亏了当时诸位大臣劝阻，刘栖楚才没有被打。"

李商隐听完令狐绹的话，已是愤怒不已："皇上如此昏庸，怎能治理好国家！"

令狐绹吓了一跳，他没想到李商隐反应如此之大，连忙观望四周，见没有人注意，赶紧拉着李商隐跑回自己的房间说："议论宫中之事，搞不好会惹来杀身之祸。"令狐绹关上房门时还在心跳不已。

李商隐也明白过来自己刚才太过激动，便有点不好意思。虽然很气恼皇上的行为，但年少的李商隐对这些宫中禁事有着极大的好奇心，便纠缠着令狐绹再给他讲一些。

令狐绹想了想，一脸谨慎地看着李商隐："贤弟，有件事情我跟你讲，但你千万不要传出去。这件事情是我偷听来的，要是被父亲知道了，指不定会怎么罚我呢。"

李商隐重重地点头，表示自己一定不说。

令狐绹犹豫了一下，将声音压得好低："敬宗皇帝喜欢打夜狐，就是深夜出去打狐狸。宝历二年十二月初八那天夜里，敬宗皇帝又出去打夜狐。打完夜狐之后又和刘克明、田务成、许文瑞等人打球，打完球之后又举办宴席喝酒。敬宗那晚喝得特别高兴，喝得全身燥热，便回内室更换衣服。结果大殿上的蜡烛突然熄灭，刘克明等人乘机钻入内室把敬宗活活砍死了，听说其状惨不忍睹。"

李商隐听完之后脸色煞白，双眼瞪得好大。他被惊吓到了，他没有想到在位两年的敬宗竟会是这样一个皇帝。他更没有想到，堂堂一个皇帝居然会被人活活砍死。

他愕然，也无法理解这一切。

令狐绹看着呆傻了的李商隐，眼神中迸出坚毅的光芒："所以我一定要学好武功，等将来博取功名之后，我会把这些宦官一个一个地杀掉。免得他们再残害忠良，祸国殃民！"

李商隐的情绪被令狐绹感染了，他一下子站起来，抓住令狐绹的手，语气同样坚定："等我们考取了功名，我一定要做一个直言进谏、不畏宦权的官，我要与令狐兄一起除掉他们！"

"为民之安宁，为国之富强！"

两只手掌撞击在一起，发出清脆的响声。这便是少年时候的约定，因为胸中一腔热血，因为心怀天下，因为忧国忧民。

富平少侯

七国三边未到忧，十三身袭富平侯。

不收金弹抛林外，却惜银床在井头。

彩树转灯珠错落，绣檀回枕玉雕锼。

当关不报侵晨客，新得佳人字莫愁。

富平侯本是汉代张安世的封爵，李商隐写下这首诗的真正目的，实际上是借用张安世来讽刺敬宗皇帝。"富平侯"无故加一个"少"字，实则是指敬宗少年继承皇位，昏庸无知。诗中所写之事不一定是实指，谁敢明目张胆地讽刺皇帝，真是不想活了。所以后来李商隐很多抨击宦官、揶揄朝政的诗用的都是隐喻。但只要细读诗文，很容易就能看出其中所指。

令狐楚确实待李商隐很好，闲暇时会带他出入各大府衙，结识一些当地的官员名士。这样的待遇并不是任何人都有的，比如温庭筠，在令狐府已住了半年，却从未得到令狐楚的召见。在当时很多人的眼里，李商隐无疑是幸运的。

堂叔见李商隐在令狐府里一切安好，令狐楚对他也视如己出，甚是欣喜，再没有什么可担心的了，便思量着起程回老家荥阳。令狐楚知道李商隐家境贫寒，特地叫来李商隐，并给了他一些银两，吩咐他带给堂叔，这样老家的母亲也会少操劳一些，他也就能安心地在这里读书。李商隐眼含泪花，沉甸甸的不只是他手中捧着的银两，还有他此时的心情。如此恩德，他何以为报？

大和二年（公元828年），令狐楚由宣开军节度使升为户部尚书，令狐府一派欢庆景象。次年三月，六十四岁的令狐楚再次由户部尚书改任东都留守。然而"死对头"浙西观察使李德裕也被召回朝，升任兵部侍郎，这更加剧了"牛李党争"。

所谓的"牛李党争"最开始时是由进士考试引起的。唐宪宗时期，长安举行科考选拔人才。举人牛僧孺和李宗闵表现卓越，被当时的主考官推荐给唐宪宗。但因两人在考卷里批评朝政，涉及当时的宰相李吉甫（李德裕的父亲）。于是李吉甫在唐宪宗面前进言说二人与主考官有私人交情，不能录用。唐宪宗信以为真，不但牛李二人没有受到提拔重用，当时的几名主考官反而也都降职并获罪。当时此事震惊朝野，并引起轩然大波。很多名士为牛僧孺和李宗闵鸣冤叫屈，谴责李吉甫的嫉贤妒能。迫于当时的政治压力，唐宪宗只好将李吉甫贬为淮南节度使，又重新另任宰相。

到了唐穆宗时期，又是一次进士考试。主考官是亲近牛僧孺和李宗闵的钱徽，结果又被传出徇私舞弊的丑闻。在时任翰林学士的李德裕的证实下，钱徽被降职，李宗闵也受到了牵连被贬到外地。渐渐地，以牛僧孺和李宗闵为首的及一些依靠科举出身的官员结成了"牛党"派，而李德裕也与一些士族出身的人结成了"李党"派。两派官员互相倾轧且明争暗斗，始终不停歇。

此时的令狐楚被任命为天平节度使，驻郓城。年仅十七岁的李商隐被聘为天平幕府，官职为巡官。这也是他有生以来第一次步入仕途，他信心满满，准备一展抱负，为国效力，光宗耀祖。

巡官是幕中并不大的官，但按照规矩，府主都要为新进的幕僚准备酒宴以示庆贺。晚上的酒宴中，不但令狐父子出席，而且多添了两个人，一个是行军司马张大人，另一个是判官刘蕡。在听及令狐绹介绍刘蕡的时候，李商隐的眼神立刻闪亮起来。刘蕡其名他早有耳闻，此人博学善文，尤其精通《左氏春秋》，平时善谈王霸大略，并且疾恶如仇。

眼前的刘蕡相貌堂堂，浓眉炯目。说起话来嘴角扯着一抹笑容，让人看了倍感亲切。李商隐慌忙作揖："贤良方正直言极谏科，刘大人慷慨激昂的陈词让小弟至今难忘。'海内困穷，处处流散。饥者不得食，寒者不得衣。官乱人贫，盗贼四起。土崩之势，忧在旦夕。'大人句句实情，针针要害，真是让小弟敬佩不已。"

文宗皇帝亲殿试"贤良方正直言极谏科"，那时刘蕡当场控诉朝政衰败的原因，直指宦官乱政。皇帝把这些话听得一字不落。可是他却和考官冯宿等人一样畏惧宦官势力，不敢录用刘蕡。刘蕡落第的消息令朝野哗然，都为其感到冤屈。当时殿试中第的李邰说道："刘蕡落第，我辈登科，实在汗颜。"于是上疏朝廷自愿革去功名让给刘蕡，其疏曰："蕡所对策，汉魏以下，无与为比。今有司以蕡指切左右，不敢以闻。恐忠良道穷，纲纪遂绝。况臣所对，不及蕡远甚。内怀愧耻，自谓贤良，奈人言何！乞回臣所授，以旌蕡直。"于是刘蕡成了宝历二年的进士。

刘蕡看着眼前的李商隐，年纪尚轻的他竟然能把三年前的条对记得如此清楚，当下大为感动，连忙拉起李商隐的手说道："这些条对都已是陈年往事，你是如何得知的？你真是我的知己啊。"

李商隐见刘蕡如此，心底甚感亲切。当即想继续说下去，却被刘蕡打断了："都是些陈年旧事了，还是不提为妙。"李商隐看见刘蕡眨着眼睛，似乎想起了什么，便不再说什么，只是客套地和大家聊些诗文。

三　半留相送半迎归

在令狐楚的帐下磨炼了两年，李商隐初尝官场滋味，他已不再是那个懵懂的少年。时间可以塑造人的性格，也可以磨平人身上的棱角。两年时间说长不长，说短不短，却也让李商隐少了些曾经的意气风发，多了一份内敛沉稳。

李商隐说："大人，我想参加明年的春试。"

令狐楚从案桌前抬起头，望着李商隐，久久无语。

李商隐不知道令狐楚是何想法，欲问，又怕自己说错了话。只有紧紧地盯着令狐楚，希望他能够恩准。

许久，令狐楚才开口说道："还是不要去了。"

李商隐顿时一脸的悲伤："为什么？"

令狐楚不愿意回答，有些事情，他要如何和这个胸怀壮志的少年讲呢？他也年轻过，年轻人的心理，他怎么会不懂？可是当他看到李商隐一脸期望的时候，他还是说出了原因："明年的春试，主考官是'牛党'中人。你即使考中了，也不会被录取的。"

李商隐不解，他是去考试，这和党争有什么关系？即便如此，他也从未参与过党争。他有的是才华，一定可以考中的。

李商隐坚持要去，令狐楚准许了。当少年倔强的身影退出房间时，令狐楚搁下了手中的笔，他的心是忧伤的。也许是为李商隐，也许是为自己。身在朝中，又有多少事是身不由己的？

洛阳城很大，街道七横八纵地交错着。喧闹的人群，迎风的酒旗，无不显露出这个城市的繁华。春季的洛阳城很美，柳树抽出了新枝，女子换上了新装。一切都是朝气蓬勃的，连李商隐的心情也跟着舒朗了很多。

春试已经完毕，这几日在等待消息。李商隐流连在洛阳的大街小巷，有些春风得意。科考的这几日，同客栈的考生都在议论着考试的事。有人欢喜有人忧，欢喜的人说，这次考试已经有人帮忙打点，主考官一定会录取自己；忧的人说，打点的银子没有送出去，这次肯定又没戏。

李商隐听罢只是笑笑，从来不参与讨论这个话题。也许是觉得他们可笑，也许是不屑与他们为伍。但这些话，他一字不漏地都听了进去。他笑，真正有才华的人，朝廷怎么会不录取呢？也许是李商隐恃才傲物，但在青春年少时，谁没有过这种想法？认为自己是与众不同的，认为自己可以改变某些所谓的"定律"。李商隐也是如此，他满心期待，想用自己的实力证明给世人看：他李商隐并不需要通过任何关系，依然会科举高中。他定会受到重用，会光耀门楣，会让这些考生对自己刮目相看！

然而青春总是要经受不断的打击，所以当李商隐站在榜单前一遍遍寻找自己名字的时候，他不得不承认这样一个现实：令狐楚的话是对的！李商隐感到重重疲倦感袭来。他记得令狐楚说过："即便你认为自己没有党争，可是你是我的门生。在他们的眼里，你就是李党中的一分子。这世上，有很多东西是说不清楚的。对与错，是与非，本就是没有什么界限的。而有些事也并不是你觉得自己没有做，别人就一定会认为你真的没有做。"

李商隐失魂落魄地游荡在街上，他不想回客栈，不想面对那些考生，那些可能连他半分才华都不及的人。

失意的人生，最好的解忧方式便是酒。于是李商隐寻了个临街的酒楼进去，在二楼靠窗的位子坐下。一碟小菜，一碟花生米，一壶烫好的酒。

灯火通明的洛阳城，青楼门口的莺声燕语，厅堂里的倚香沉醉的官人，路边吆五喝六的小贩，这繁华的一切都不属于他。虽然近在眼前，却又如同水月镜花。他不过是一个寂寞的影子，躲在暗夜的角落里，独自饮泣自己的悲伤。

喝到有些醉意，李商隐找店家要来了笔墨。一手提壶，一手提笔。一口酒落肚，笔走龙蛇：

燕台四首·春

风光冉冉东西陌，几日娇魂寻不得。蜜房羽客类芳心，冶叶倡条遍相识。

暖蔼辉迟桃树西，高鬟立共桃鬟齐。雄龙雌凤杳何

许，絮乱丝繁天亦迷。

醉起微阳若初曙，映帘梦断闻残语。愁将铁网罥珊

瑚，海阔天翻迷处所。

衣带无情有宽窄，春烟自碧秋霜白。研丹擘石天不

知，愿得天牢锁冤魄。

夹罗委箧单绡起，香肌冷衬琤琤佩。今日东风自不

胜，化作幽光入西海。

　　诗立春、夏、秋、冬四题，系取《子夜四时歌》之义，抒发对所
思慕的女子一年四季相思之情。《春》诗从春光烂漫中寻觅娇魂而不得
开始，折入追忆初见对方时美好情景，立即又描绘雄龙雌凤杳渺相隔
的浩叹和魂牵梦萦的情景。然后极力渲染寻觅之渺茫，思念之深挚，
最后想象对方在春天将逝的季节身着单绡和肌衬玉佩的情景。《夏》诗
先写初夏雨景和石城（金陵）凄清的环境，暗示女子已去。然后想象
对方身处南方瘴花木棉之地，独守闺帏，孤寂无伴之状。接着又转而
回忆往昔两人曾经的短暂欢会和随之而来的分离，最后以祈望对方的
到来作为结尾。《秋》诗全篇都是对女子现时情境的想象，先想象她秋
夜含愁独坐，相思念远。再想其夫亡室空，孤寂凄冷。最后又想象她
秋夜弹琴，衣衫冷薄，怀思旧情。独对爱情旧物，潸然泪下。

　　李商隐有些醉了，恍惚间他看到温庭筠坐在对面，并拿起他的诗
笺，一边读着，一边赞叹。

　　"飞卿，你怎么会在这里？"李商隐迷醉的眼神望着温庭筠。

　　"我也是来参加春试的，而且结果和你一样。"温庭筠拿起桌上的
酒壶，自顾自地倒了一杯，昂首饮尽。

　　李商隐笑了，笑得有些无奈："离开了令狐府的这几年，你去了
哪里？"

"四处转了转。"温庭筠说得极为云淡风轻，似乎这一切根本没有什么值得描述的，可李商隐分别看到了那眸子里流露出来的失落。

李商隐进令狐府的那一年秋天，温庭筠便离开了。那时他已经在令狐府上住了一年有余，却始终不曾被令狐楚召见，于是他便离开了。这几年辗转于南方各个城郡，却始终一无所获。如今春试却又是一样的结果，这无疑是件让人伤心的事情。

"我想去长安，义山，跟我一起去吧。"温庭筠看着李商隐，认真地说道。

"长安？我还不想去。"

"这里都是些贪官污吏，留在这里又有何用？"

"汴州那边让我回去，可是我还没有想好。"李商隐如实说道。

"还回令狐府？"温庭筠似乎有了怒气，拂袖下了楼梯。李商隐没有追去，他了解温庭筠。他不是在生自己的气，而是在生令狐府的气。在令狐府的一年里，温庭筠过得并不如意。

往事一并想起，李商隐醉得一塌糊涂，以至于自己是怎么回的客栈都不知道。当自己满心期待的结果竟是别人早已意料的结局的时候，他笑得很自嘲，觉得自己幼稚得像个孩童。

科考的事情终于尘埃落定，李商隐依旧留在了洛阳城。他不想回汴州，他觉得无颜面对令狐楚。不是因为他落第，而是他不想站在令狐楚的面前，感觉到自己的可笑。

在洛阳闲暇几日后，李商隐便遇上了家在洛阳的堂兄李让山。李让山一见到李商隐二话没说便把他往家中拉。李商隐拗不过他，只好跟他前往。

直到家中，李让山才神秘兮兮地冲着李商隐说："义山，你真是艳福不浅！"

李商隐失落地笑笑："我一个落第的考生，何来艳福不浅？"

李让山这才娓娓道来，原来那日李让山骑马归来，由于天气燥热，便在柳家的庭院前停歇了一会儿。当李让山情不自禁地吟诵李商隐写的那首《燕台四首·春》的时候，院门却突然打开，出来一个姑娘，张口便问道："是什么人能写出这样的诗篇？什么人能有这样的感情？"李让山就告诉她："是我的堂弟李商隐。"说罢，李让山从怀中掏出一根淡黄色的衣带放在李商隐的手中："柳枝求我希望能与你见上一面。"

原来是这么回事啊，李商隐一脸茫然，不知道应该说些什么才好。他从未有过这样的遭遇，也不知道如何应对这样的事情，便傻傻地愣在了那里。

李让山推搡着李商隐说道："快走啊，约好了今天见面的，现在都临近中午了。"

"这，如此不好吧？"李商隐犹豫着，他只是一个落魄的书生。

"什么不好？人家可是一个富家小姐，只为见你一面。你却这般推托，这才叫不好呢！"李让山没有给李商隐反驳的余地，拽着他的手直接奔向柳府。

李商隐并非不愿意来，只是这样的事情来得太突然了，他一时之间难以接受。人家是洛阳城里的富家女，自己是一个落第穷考生。这样的身份差距，让还未经历过爱情的李商隐心情难以平静。

一路被拽着去往柳府，李商隐刚刚略微静下来的心又突然猛跳起来。他看到巷子尽头的柳树下，有抹纤细的淡黄色身影。

他不敢抬头看她，低着的头只看到浅黄色的罗裙和一双顶着绒球的绣花鞋。李商隐有些木讷，这样的场景，他应该说些什么才合适呢？

李让山没有给他思考的时间，一把把他推到了柳枝的面前，大大咧咧地说："这便是我的堂弟李商隐。"

李商隐窘着的脸突然热了起来，他看到那双绣花鞋已经移到了自己的面前。有一股暗香钻进了鼻子里，这让他马上变得手足无措起来。

"柳枝很仰慕先生的诗词，所以贸然约见先生，希望先生不要怪罪。"是一声莺语。

李商隐连忙躬身施礼："不敢！在下不过是粗读了几篇文章，怎么能受姑娘如此错爱。"李商隐有些语无伦次。

柳枝笑了，声音清脆，有如出谷黄莺。李商隐的头埋得更低了，身子僵直，始终不敢抬头。

"先生就打算一直这么低着头，不看柳枝一眼吗？"

李商隐感觉脸上一阵燥热，方才慢慢地抬起头，看着眼前的女子。原来她是如此的美丽。淡扫娥眉，明眸皓齿，秀挺的鼻子，剔透的皮肤，不施粉黛却胜过朝霞白雪。尤其是额间的那个落梅妆充满灵韵，李商隐跌进了她那含情脉脉的目光中。

李商隐望着柳枝，她绯红的脸颊证明了她也在害羞，只是她更有勇气面对自己。而反观自己，却显得如此懦弱。李商隐想明白了这些，望向柳枝的眼神变得坚定起来。

或许是被李商隐看得不好意思了，柳枝的脸更加红润："三天后我们这里有一个被褉节，柳枝想邀先生一起参加。"柳枝娇羞的声音让李商隐无从拒绝。

李商隐深施一礼："义山定往。"

"我烧一炉博香山等你来。"柳枝微微一笑，折下身边的一枝柳。随手打了个结，递到李商隐的手上："这是我们的约定。"

"我一定赴约。"李商隐郑重地承诺。

回去的路上，李商隐不理会堂兄的诸多取笑，思绪神游了起来。李商隐的心里有了一种甜蜜的感觉，纵是科举落第又如何？爱情正一步步地向他靠近，那种感觉，是说不出的喜悦。淡淡的，浅浅的，像十几年的女儿红散发出的酒香。

告别了李让山，李商隐依旧神游着回到了客栈。直到面对自己空空如也的房间时，才拉回自己的思绪。"我的行李呢？"李商隐大声质问着店老板。

"不是你刚才派人取走的吗？还留了书信在这里。"店家一脸茫然，哆哆嗦嗦地从怀里掏出书信。

李商隐一把抓过信来，龙飞凤舞的字迹他认得，是温庭筠。上面写着："我在去长安的路上，想要行李的话就来找我。"

李商隐恼怒，却又无可奈何。他在乎的并不是一箱行李，而是温庭筠拿走了他视如生命的书籍，其中有不少是他费尽心思才收集到的珍本。他了解温庭筠，温庭筠又何尝不了解他呢？李商隐没有办法，只好追去长安。

李商隐始终念念不忘他和柳枝的约定，他失约了，辜负了一个女子对他的信任。他决定抵达长安后立刻写信给堂兄，让他代为解释。她是那么温柔的女子，一定会理解他的苦衷的。如此想来，李商隐的心里便好过了一点。

可是给堂兄的信，他从未收到回信；寄给她的诗，他也从未收到任何回复，李商隐的心里惴惴不安。他很想知道她到底怎么了，是不是一辈子都不会原谅他了，李商隐的心底涌起深深的失落。

入冬的时候，李让山来到长安，找到了李商隐。见面后来不及嘘寒问暖，李商隐拉着堂兄便打听柳枝的情况："她怎么不理我？是不是还在怪我失约？"

李让山久久不语，被逼问急了，才低声说道："柳枝嫁人了，就在你走之后。"

李商隐愣住了，他没想过会是这样的结局。

"柳枝虽然生在富家，但父亲早亡，在一次做生意的途中淹死在了湖里。尽管母亲很疼爱她，可是她到了十七岁的时候，头发还没有来得及梳整齐，就匆匆去吹叶嚼蕊，调丝撷管。她喜欢作一些幽怨断肠的曲子，大家都以为如此孤高，她此生定是嫁不出去的。可是那天，她分明妆容整齐，手抱团扇站在柳枝下等你。可见她是多么地重视你，而你却有负于她。"李让山说到此处，声音有些哽咽，"那么好的女子，竟被大官收去做了妾。"

李商隐陷入了无尽的悲痛中，他辜负了一个女子对他的一腔痴情，他犯了一个不可原谅且无法弥补的错误。他犹记得那时她企盼的眼神，她热切的目光。他无法想象她是带着怎样的心情出嫁的，他不知道她是否会怨恨他，是否会在夜里吹着幽怨的曲子想着他的无情。李商隐整个人被悔恨与自责吞噬着。他终于知道有些事情一旦错过了，便不会有改过的机会了。

李让山走了，李商隐一个人坐在房间里发呆。酒瓶子瘫倒一地，他也不愿意拾起。他的灵魂像被抽走了一般，不哭不闹，只剩下麻木的躯体及空洞的眼神。

温庭筠来看他，平生第一次没有嘲笑他。他看着他一口一口地喝酒，看着他盯着桌子上的黄色丝带发呆。他没有说任何的话，也没有阻拦他买醉。他只是在他醉倒的时候，把他扶到床上歇息。他知道自己的一个玩笑，让好友付出了怎样的代价。同时他也是第一次感觉到，自己放浪不羁的性格是真的会伤害到别人。他就这样守在李商隐的床前，看着他，看着睡着的他呓语着一个人的名字，看着他的眼角有泪水滑落。这一刻他才清楚，痛苦的泪水可以从梦里流到梦外。

离亭赋得折杨柳二首（其一）

暂凭樽酒送无憀，莫损愁眉与细腰。
人世死前惟有别，春风争拟惜长条。

离亭赋得折杨柳二首（其二）

含烟惹雾每依依，万绪千条拂落晖。
为报行人休尽折，半留相送半迎归。

端着酒杯我与你话别，我们明明彼此相爱，却硬生生地被拆散了。无可奈何，却又势在必别，真是无聊。所以只能凭借这一杯水酒，来驱散离别的愁苦。这样的事情都已发生，又有什么办法？我们已经是无力挽回了，所以希望你能保重好自己的身体。你本来就已经是愁眉细腰了，哪里还能经得起再次损伤呢？除了死亡，还有什么比分别更痛苦呢？如果这春风有情，又怎么可能因为爱惜长长的柳条，而不让人间这些痛苦惜别的人攀折呢？我只有站在离别的长亭内，折断柳枝来赠送你，以表达我此时凄冷的心情。杨柳的风姿多么可爱，在烟雾迷蒙之中，在夕阳西下之时，总是那样千丝万缕。拂尽落日余晖，依依有情。杨柳自是多情。它不会只管送走离人，而不管正在归来的客人的。所以你千万要保重好自己，别折损了眉腰，等我回来。而这柳枝，既要送人也要迎人，那就不必将它全部折断。折掉一半，送人离去；留下一半，迎人归来，岂不更好？

拜别了温庭筠，李商隐走了，离开了长安。他没有回汴州，令狐府传来消息，令狐绹已经通过释褐试，被授予弘文馆校书郎。他更无颜回汴州面对一直教他学业并资助他生活的恩师令狐楚了，他写了封祝贺令狐绹的书信，声称想在外面游历一段时日再回去。

第二章　相见时难别亦难，东风无力百花残

一　对影闻声已可怜

失意的李商隐离开洛阳，没有回汴州，也没有回荥阳。天下之大，他竟不知道要去哪里，便四处游荡着。这一日，李商隐行走在路上，却被人拦住了去路。对方是一个年轻的男子，一副书生学子的打扮。

年轻男子很客气地躬身施礼，说："我是济源张永，先生可是怀州李商隐？"

李商隐望着男子还礼道："正是。"

张永的表情立刻变得愉悦起来："今年科考时我们在同一考场，那时便听说李兄的大名，可惜当时只有远观的份。考试结束后想拜见李兄，谁知却未寻到。如今能再次遇见，真是有缘。"

提及科考，李商隐的眼神突然黯淡下来。张永有所察觉，连忙调转了话题："今日既然相遇，就到我落脚的地方喝一杯吧。"

张永显得很热情，让李商隐无从拒绝。

这家小酒馆很干净，也许是刚下过雨的原因，店内的客人并不多。二人分宾主落座后，店小二摆上了几碟酒菜，招呼着客人慢用，便退了下去。

张永是个性格直爽的人，他为李商隐斟满一杯酒，大声说道："李兄才名远扬，小弟今日得见，甚是高兴，先干为敬。"张永一昂头，杯中酒已见底。

思及近期来的种种烦闷事情，李商隐的心里也不好过。于是也端起了酒杯，这酒便一盅一盅地落进了肚子里。

官场争斗几十年，影响的竟然是每年的科考，这让很多人的心里都极度的愤慨。张永年年参加考试，却又年年落榜。家人盼他有朝一日高中，从此便可以跃过龙门，功成名就，只可惜天不遂人愿。不是没有打点过，只是科考早已不是有学问和银两就能左右的事了。

李商隐本是个颇内向的人，但酒过三巡以后，受到张永的热情影响，便也打开了话匣子。

"结党营私，溜须拍马，岂是大丈夫所为。这样的科考，不中也罢。"李商隐没有大吼大叫，也没有悲鸣哀叫，他的情感总是隐忍的。

"说得好！不中也罢。"张永干掉杯中的酒，再一次望向李商隐，"李兄现在是要去哪里呢？"

李商隐被问到了痛处，沉默了许久，方才低沉着嗓子答话："四海之大，我却不知道要去哪里。"

张永听了这话，也沉默了。同是壮志未酬的少年郎，很多事情，即便不说也都能理解。

半晌，张永才开口说道："这次落第之后，我便想上玉阳山学仙。与其在这阴暗的科场下挣扎，还不如去学些仙术，修身养性倒是自在得多。玉阳山是王屋山的支脉，绵延几十里，很是壮观。山上道观庙宇很多，当朝的很多公主都在此修道学仙。还有很多的女冠（女道士），不如李兄随我一同去修道吧。"

030

唐朝时期的宗教极为盛行，儒家思想及道教文化得到了很广的传播。再加上盛唐时期皇帝大肆宣扬宗教文化，大兴土木扩建寺院，以至于很多人都上山学道。由于唐朝时期对女人的约束相对来说是很开放的，所以也有很多妙龄女子为了躲避婚嫁而上山修道。

张永见李商隐不语，以为他是同意了自己的想法，又继续说道："东玉阳山有个清都观，皇帝的女儿们都在那里修道。听说那里有很多漂亮的宫女，可是普通人都难以靠近她们；西玉阳山有个灵都观，里面多是一些女冠。她们常年住在深山里，很少见到外人，都寂寞得很。李兄，我们同去，不但有仙女可观，还可以道袍加身。头顶黄冠，修行仙术，做一个云游四海的道士。"张永越说越激动，完全没有注意到李商隐越来越沉寂的神色。

李商隐自幼便对道教文化深深地着迷，今日听张永此般劝解，不免有些心动。可是他也没有遗忘父亲的教诲，要考取功名，光宗耀祖。胸中抱负何时能展，一己意愿何日能成？李商隐心中沉重。他最终还是和张永上了玉阳山，他觉得张永说得对。官场黑暗，他再倔强，也无法改变任何东西，到头来徒自伤悲。如果能在这与世隔绝的地方待上一阵子，也未尝不是一件好事。

张李二人买了两匹快马赶路，张永家本是济源的富户。虽然这几年科考让他败掉了不少银子，但家境依旧很殷实。而面对贫寒的李商隐，张永处处帮助，慷慨解囊，这个举动让李商隐很是感激。

过了潼关，下了官道，再过解州，经绛州，便到了垣曲，然后便可以登王屋山了。傍晚时分，李商隐与张永住进了解州的客栈。一夜无话，天亮时二人整装待发，起程翻越中条山。

有风从山脚跑到山顶，迂回穿梭在林间，让繁茂的枝叶发出哗啦啦的响声。登上中条山山顶的李商隐眺望着连绵不断的山脉，心境自然宽广起来。

张永指着远方逶迤的山脉对着李商隐大声喊着："看，那里就是王屋山。绵延几百里，北起泽州阳城，南至孟州济源，西到绛州垣曲。我们晚上抵达垣曲，就可以爬王屋山了。"

"济源不是你的老家吗？为何不回家看看？"李商隐疑惑地看向张永。

张永微微一愣，嘴角微动着："其实看不看又如何呢？谁会在乎我呢？"

李商隐不再说话，他知道张永生在富裕家庭。虽然锦衣玉食，但他总觉得他不快乐，虽然他不清楚这是为什么。

王屋山不同于中条山，它的山势更为险峻。巍然屹立，整个山峰都掩埋在白云之中。山中林木直耸，枝叶茂密。被风吹过时，便是一地错乱的光影。有时候白茫茫的雾霭会浓烈起来，于是雾便会像小雨一样洒落下来，落在肌肤上，有种凉丝丝的感觉。有时阳光划破云雾，洒下万道光芒，于是又有了身在仙境的错觉。纵横交错的溪水潺潺流动，山中清冽的空气令人心神为之振奋。

夜晚来临，月光照映着整个山林。流动的小溪瞬间变成了泛着青光的玉带，净无瑕疵。李商隐突然爱上了这里，抛却世俗恩怨，能在这里避世独居，未尝不是人间幸事。那一刻，他是真的想永远待在这里。

李商隐和张永落脚的地方是西玉阳山的灵都观，道观的生活没有想象中的闲逸。他们不但要诵读经文，还要打理观中的一些琐碎杂事。不过相对于明争暗斗的仕途生涯，李商隐真觉得这里是人间仙境。

失眠的夜里，李商隐就披衣站立在观前。玉阳山的夜格外安静，偶尔有萤火虫飞过，像一颗颗闪亮的星星。张永最近老是往东玉阳山跑，每次回来，都会眉飞色舞地对李商隐讲看到的事物。比如安康公主上山修道了，比如公主的仪仗是如何奢华，比如公主长得是多么美丽。听得多了，李商隐便动了心念，也跟着张永跑去东阳玉山的清都观看了几次。

其实哪里能见得到公主呢，公主所在的琼瑶宫守卫森严。偶尔有一两个纤细的身影从长廊中闪现，就已经让他们痴迷半天了。

碧城三首（之一）

碧城十二曲阑干，犀辟尘埃玉辟寒。
阆苑有书多附鹤，女床无树不栖鸾。
星沉海底当窗见，雨过河源隔座看。
若是晓珠明又定，一生长树水晶盘。

碧霞萦绕着繁多的楼阙，云雾缭绕着曲苑围栏，交相辉映。这便是仙人居住的地方，让人眼花缭乱。仙女们穿着华丽的服饰，静坐台前。用尘犀的兽角梳着长发，尘埃不入。她们是那样的美丽而安静，可是她们也是寂寞的。她们只能依靠鸾鸟，在昆仑之圃，阆风之苑，日复一日，年复一年。远隔千山万水，以仙鹤传递着幽会的情书。伫立在窗前便可看到星星已经开始渐入海底，隔着座位便能看到雨已漂过银河。原来这一夜，又将破晓。如果太阳能明亮地挂在天空永远不降落，那么这些仙女该是多么的可怜。所幸还有黑夜掩饰着这一切，仙鹤衔着约会的书信在夜空下飞翔，鸾鸟双双栖居在梧桐树上，否则她们该会多么寂寞。如果可以，情愿一生暗夜，月挂高空。这样天色将永不破晓，幽会便不会停止，欢娱也就没有尽头。

李商隐自那以后便没有跟着张永再往琼瑶宫跑，他不愿见那些美丽而寂寞的女子。她们会扯动他心里某根敏感的神经，从而让自己陷入一种难以名状的忧伤之中。也许有些人生来就带着忧伤的情绪，只是平时它们都寄居在心里的某一个角落，很少被察觉。可是一旦它们被牵扯出来，那便是无休无尽的海洋，让人久久不能走出来。

玉阳山这一住，便是三个月。此时的玉阳山满目青翠，山雀叽喳，一派新气象。李商隐身着道家黄袍，头戴道冠，从西玉阳山的小路行至山下。在东西玉阳山的中间处有一山谷，那里景色宜人，溪泉甘美。更让他惊奇的是，山谷中间的一处平坦地竟有一池荷花。正值盛夏，满塘的荷花迎风摇曳，让他无尽欢喜。这是他偶然间发现的，自此无事时便常去那里静坐，修养心性。

　　在将行至山脚的时候，李商隐放慢了脚步。他听见林间有琴音传来，那琴音清扬婉转袅袅袭来。有如行云流水，让人如痴如醉。忽然琴音一转，变幻如云绕仙境。悠扬中带着些许哀愁，流露出丝丝纤细的凄凉。

　　"对影闻声已可怜，玉池荷叶正田田。"李商隐的心情被感染了，情不自禁地念出声。

　　琴声戛然而止，一抹白色身影转身回头。

　　李商隐失神了，那女子身着白色道袍，头发随意地绾起。眉清目秀，圣洁高雅。在这寂静的绿野丛林里，犹如仙子下凡。看得李商隐移不动目光，深深地沉陷进去。

　　那女子更是一愣，她没有想到这里会有人来。眼前这个一身道服打扮且身形清瘦的男人，竟会出口成诗，而且还看透了她的心事。

　　李商隐直直地看着她，忘记了呼吸，忘记了心跳，忘记了一切。所有的一切都不复存在，这世界只剩下眼前这个女子，站立在华光之中，安然而淡定。

　　女子被他赤裸裸的目光盯得脸颊飞起了红晕，在宫中可没有人敢这般望她。女子轻咳一声打破寂静："你，是谁？"

　　李商隐突然回过神来，自觉刚才的失礼，连忙上前深施一礼："在下怀州河内李商隐，现在这西玉阳山的灵都观修行学道。"

　　"原来是河内李家公子，可不知公子刚才吟诵的诗句，可还有下文？"

她想听一听，他能做出怎样的诗来。

李商隐稍微一愣，随即反应过来。在点头应允的时候，便把随身携带的笔墨摆好。本来他是想来这里作画的，现在竟也派上了用场。李商隐略略思量一下，便笔下生辉：

碧城三首（之二）

对影闻声已可怜，玉池荷叶正田田。

不逢萧史休回首，莫见洪崖又拍肩。

紫凤放娇衔楚佩，赤鳞狂舞拨湘弦。

鄂君怅望舟中夜，绣被焚香独自眠。

待墨迹风干，李商隐便将诗笺赠予女子。女子看罢，脸色越发绯红，心中如小鹿乱撞。她细声说道："李公子，天色不早，我先回去了。免得公主寻我不到，又要发脾气。"女子盈盈一拜，便欲离去。

李商隐见女子要走，想出声挽留却又不知如何开口，心下一急便慌乱地扯住了她的衣角。

女子见状，娇羞地未敢抬头。李商隐自知不太礼貌，又赶紧松开了手。"其实我想问，姑娘如何称呼？"李商隐怯怯地问道。

"宋华阳。"白衣女子轻声答道。

自从上次与宋华阳在山谷相遇之后，李商隐的心就被带走了。她圣洁的姿色、绯红的脸颊，以及诉怨的琴音，无一不让他思念。

张永见李商隐每日失魂落魄的样子，还以为他生了病。可是看他身体健壮，也未感到哪里不对。几经询问未果，张永也便不再过问了，他也有自己的事要忙。

李商隐每天都会去山下的山谷转上一转，希望能再次遇见宋华阳，可是每次都是失望而归。他不知道为什么只见过一面的宋华阳会让他如此的魂牵梦绕。他找不到答案，索性也放弃了寻找答案。二十岁的李商隐正处于青春悸动的年华，爱便爱了，何必去问那么多的为什么。

所以当李商隐在山谷的荷花池边再次发现一抹白色身影的时候，他立刻激动起来。可是当白影回过身来的时候，他发现，那不是她。尽管他望着白影的时候，总能感觉到里面有华阳的影子，可眼前的女子分明不是她。

"你是李商隐吗？"白影脆生生地问。她有一双灵动的眼睛，这与华阳不同，华阳的眼神总是充满着与世无争的平静。

李商隐点点头，没有出声回答。

"我叫宋玉阳，是姐姐叫我在这里等你。她说如果能遇见你，让我转告你，她没有时间出来，并让我把这个转交给你。"宋玉阳从怀中掏出一方手帕递给他。帕上绣着一朵盛开的荷花，花边是一句诗。正是那日他写给她的那一首"对影闻声已可怜，玉池荷叶正田田"。

李商隐的心头一阵欢喜，原来他没有白白等待。华阳也在思念着他，这让他感到很满足。

"那，我什么时候可以再见到她呢？"李商隐问得小心而谨慎。

宋玉阳摇了摇头："姐姐是公主身边的近侍，很少能走得出来。不过我看得出，姐姐很在意你。我真心希望你能待姐姐好，姐姐是个苦命的人。"宋玉阳说得真真切切，却又有点凄凉。李商隐听罢，便忆起了那日的琴音。

李商隐托宋玉阳给华阳带去一封书信，信中明确表达了自己的相思之意。在等待回信的日子里，有甜蜜，有紧张，也有焦虑。

宋华阳很少能出来，更多的时候都是宋玉阳充当信使。这让李商隐既开心又失落，开心的是华阳也是爱他的，这让他在无尽的等待中依然充满希望；失落的是他要什么时候才能再见她一面。

就在无休止地等待时，张永从宋玉阳那里得到一个好消息。安康公主要回京城一趟，而这次宋华阳被留下来照看清都观。李商隐只顾着欢呼雀跃，以至于他根本没有在意张永怎么会和宋玉阳有联系。但这些不重要，重要的是他能和宋华阳在一起了。

他们开始频繁地约会，避开人多嘈杂的道观，二人向后山的小路走去。一前一后的距离，李商隐的视线始终未曾离开过宋华阳。她依旧清丽脱俗，怎么看都不像凡间的女子。

"你怎么会到山上做道姑呢？"李商隐打破了沉默。正赶上山底的风吹了上来，夹杂着松香和花香，还有一股淡淡的檀香味。李商隐暗自深吸一口，这里面有她的味道。

原来，宋华阳姐妹本是大户人家的女子，可惜动乱年代家破人亡。后来二人辗转流落至宫中当了宫女，伺候安康公主。这安康公主本是唐穆宗的女儿，是当今文宗皇帝的姐姐。虽然是金枝玉叶，但只是表面上的光鲜。宫中的争斗让安康公主感到厌倦与恐慌，于是几经拜求父皇，才求得到玉阳山学道，实际上是她害怕自己卷入宫中争斗。大唐开国以来，已经不知道有多少位公主死于非命了。所以她想远离宫廷，免遭毒害。于是姐妹二人便又随公主从皇宫来到玉阳山，从宫女变成道士。而这次公主奉命回京，她谎称身体不适，才被恩准留了下来。

宋华阳也不是没有向公主乞求过还俗，只是安康公主习惯了她们姐妹二人的伺候，便不应允。所以她也只能在这幽深的道观中，数着年华，日复一日地等待终老。

李商隐听得真真切切、明明白白，他的心突然疼了起来。他所爱的女人，平静的表面下，内心却是如此的孤独寂冷。李商隐心疼地搂着宋华阳，他只想给她温暖，哪怕只是片刻的温暖。

在公主回京的日子里，李商隐几乎每天都和宋华阳见面。他带着她踏遍玉阳山的每寸土地，看花开花落，看细水长流。每当太阳快要落山的时候，他带着她爬到山顶，依偎着，看夕阳慢慢落下，再看星星闪烁夜空。这样的日子，让李商隐觉得幸福而甜蜜。有时候他也会想，未来会是怎样？也许他没有答案，也许他有答案，但是他不愿意去思考。至少现在他们是快乐的，她爱他，他也珍视她，这便足够了。

七月初七夜，满天星斗璀璨，最耀眼的当属牛郎星与织女星。李商隐迎着凉爽的夜风，在高高低低的蛙叫虫鸣中，拥着宋华阳，讲述着古老而又伤情的故事。

织女本是天上玉帝的小女儿，因为私下凡间爱上了放牛郎董永，织女放弃了公主的身份，与董永私守凡尘，并为他生下了儿女，日子过得很是幸福。可是这件事情终于被天庭知道了，玉帝下旨召回织女。怎奈织女抗旨，誓要与董永在一起。玉帝大怒，令天兵天将捉拿织女。织女终于被带回了天庭，并被禁锢起来。织女的不断反抗激怒了玉帝，玉帝便把他们化成了两颗星星，并且用银河隔开，让他们永生永世都只能遥遥相望，不得相见。织女夜夜啼哭，她的真情终于感动了爱女心切的王母，于是王母准许了他们在每年的七月初七相见一面。而在这一天，所有的喜鹊便会飞往银河，架起一座鹊桥让董永与织女相会。

古老而又忧伤的故事唤起了宋华阳的眼泪，她倚在李商隐的肩头，思绪却一遍遍地纠缠着她。古老的传说也许只是个故事，但她和义山的爱情，却是真真切切的。而阻隔在他们爱情之间的，也是她根本无法去抗拒的力量。他们相知相许，他们情真意切，可是为什么得不到祝福？宋华阳很清楚，他们能这样自在幽会的日子越来越少。未来的道路遥远而又迷茫，她也不知道会遇上什么样的事情。不过不管是什么样的事情，她都不后悔爱过。一个懂她并疼她的爱人，她不要错过。于是她说：

038

此情可待成追忆

"今夜，留下来陪我。"

一夜的肌肤之亲，李商隐更加怜惜怀中的女子。她温婉得像夜空中投下来的月光，她的肌肤滑润而微凉，他亲吻着她。在如水的夜里，她不断地迎合着他，她能看到他眼里满足的神情。这一刻，他们的生命紧紧地纠缠在一起，不用分清谁是谁。

李商隐累了便睡了过去，宋华阳痴痴地凝视着沉睡的李商隐。她的手指抚过他的脸颊，那清瘦的脸形让她心疼。她想记住他的模样，她害怕有一天，她再也不能像现在这样与他在一起。

七绝·嫦娥

云母屏风烛影深，长河渐落晓星沉。
嫦娥应悔偷灵药，碧海青天夜夜心。

摇曳的烛光照在云母屏风上，投下长长的影子。银河渐渐西沉，星星越来越稀少寥落，一切显得那么的孤单冷清。独坐在广寒宫的嫦娥仙子此刻该是多么的后悔。她不应该偷吃仙药，一个人飞到这广袤无垠的月宫中，幽居寂寞。而如今，只能每天对着碧海青天，夜夜伤心。

此时独居广寒宫的仙子，曾经也如他们一样，可以紧密相依，可以共赏月光。可是宋华阳不羡慕永恒生命的仙子，她不在乎奢华的仙家生活。她喜欢的是身边这个男子，能够与他相依相偎，她便感到心满意足。可能天上的神仙会痴笑，这片刻的欢愉又算得了什么？可是变化无常的人世，有几人可以真正看透？就算是仙家，怕也是有很多的无奈吧。命运总是喜欢捉弄善良的人们，给你希望，然后又无情地毁灭。生命短暂，能珍惜现在拥有的，便是快乐。而这一刻，他们真真切切地拥在一起，互相温暖，互相依靠，很是满足，很是甜蜜。也许嫦娥真的后悔过吧，至少这一刻，是她无法再拥有的甜蜜。

她轻柔的动作还是惊醒了他。李商隐坐起身来，揽着华阳："你怎么不睡？"

宋华阳温柔依偎："我要好好看看你，把你的模样牢牢记住。我怕以后会见不到你，会忘记你的模样。"

李商隐的心猛地缩紧，他用尽全身力气，紧紧地将她搂在怀里。这是他们都知道，却谁也不愿意去提及和碰触的事实。他安慰着她，不管发生任何事，我们都要在一起，死也不分离。

宋玉阳知道了他们的事情后，给予了无尽的祝福。然而张永却很沉默，他只问："将来，该怎么办呢？"

将来？李商隐不知道将来该怎么办。但有一点他很肯定，就是他任何时候都不会放弃宋华阳。

安康公主回来了，清都观又开始戒备森严。宋华阳每日伴在公主身边，根本无法脱身。李商隐在日夜的思念中渐渐憔悴，他想尽各种办法，都无法见上宋华阳一面。

玉阳山有很多的道观，这些道观每年都会凑到一起举行大规模的诵经仪式。而这一年，主道场设在了灵都观。观中的道士每天都在为诵经需要的各项事宜忙碌着，准备道场所需的各种物品。每一年的诵经会场都会有近千人到场听讲，所以灵都观的大小道士都在忙忙碌碌地准备诵经仪式，做了将近一个月的时间。张永和李商隐在玉阳山学仙，并不是真正的道士，按理说不需要和观中道士一样做事。只是观中人手缺少，加之观主平时对他们二人尚好，所以便请他们帮忙，也一并恩准他们可以留在诵经会场，帮小道士们做些端茶送水的活儿。

这一场诵经大会也引来了安康公主，李商隐听到这个消息的时候，心里万分激动。公主出现，那么他就一定可以见到华阳了。仪式之日越临近，李商隐的心就越紧张，他有无尽的相思要对她倾诉。

八月十九，灵都观举行诵经大会。所有到场的男道士一律黄袍黄冠，女道士白衣素冠。男女道士分两边落座，正中间供奉的是三清道祖。左边的是会场的主持者，灵都观的观主；右边是女冠之首，安康公主。在众道士齐齐叩拜道祖之后，讲经活动才算开始。

李商隐的目光自安康公主进场后，便始终落在她身边那个站立的人身上。宋华阳依旧是一身素白，像他每一次见到她时一样，宛若仙子。多日不见，宋华阳明显清瘦了很多，这让李商隐的心里隐隐地心疼着。他只能隔着一层又一层的人潮望着她，无能为力。宋华阳感觉到了有灼热的目光在注视着她，扭过头来，正对上李商隐热切期盼的目光。宋华阳的嘴角微微扯动，却依旧是一脸的冰霜。只那么一瞬间，她又恢复了原来的样子，安静地站在公主身边，目不斜视，就好像没有看到他一样。李商隐心中痛楚，紧紧抓着张永的手。他怕他坚持不住，做出后悔的事情。

张永把李商隐拉到了后院的茶水间里，叮嘱他不要急躁，便转身走了。不多时宋华阳来了，李商隐再也按捺不住自己的情绪，一把将他朝思暮想的人拉进怀里。这些日子，他想苦了她。宋华阳亦是泪水涟涟，泣不成声。没有了刚才的冷漠，没有了矜持。她紧紧地抱着李商隐，用行动表达自己全部的思念。

如果时间可以静止，那这一切将是最美最感人的画面，可是这注定是一场悲剧。安康公主正站在门口，怒视着眼前这对紧密相拥的恋人，而宋玉阳一脸悲伤地望着他们。原来安康公主早就耳闻宋华阳的事情，今天她亲眼目睹了此事，更有了定罪的理由。

李商隐被抓了起来，关在一间黑暗的房子里。他不知道公主会把华阳怎样，他很担心她的安危。这是他此生最爱的女子，他与她看过月光，与她有过肌肤之亲。李商隐痛苦地叫喊着，他希望守门的士兵能放他出去。他想看一眼华阳，他想知道她的情况。

可是任他如何哀求，如何愤怒，回应他的只有死一般的沉寂。直到他累了，再也喊不动了，才昏睡过去。他做了很多梦，每个梦里都是与宋华阳在一起，很快乐，没有悲伤。而他醒来时发现依旧被关在狭小的房间里，他再一次痛恨自己的无能为力。

琼瑶宫里，李商隐正跪在大殿上，安康公主终于召见了他。公主冰冷的声音像是从天际传来：“你走吧，以后再也不要到玉阳山来。”

“请让我与她见一面。”李商隐跪在地上，声音谦卑，却坚持己见。

“你不走，我会杀了你。”

“我爱她，所以即便是死，我也要与她在一起。”李商隐倔强地说。宋华阳此时是什么状况他一无所知，怎么可能会弃她而去呢？

安康公主没有说话，沉默许久之后发出了一声长长的叹息。她挥了挥手，便有人把李商隐从大殿中架了出去，他被轰出了玉阳山。李商隐在山脚下失声痛哭，他与最爱的女人便这样失去了联系。

042

在山脚下送他的只有张永和宋玉阳，宋玉阳红肿着双眼告诉他一直没有姐姐的消息。自从上次被捉拿回来后，公主便将宋华阳关了起来，还下旨不准她去探望。所以姐姐如今是什么状况，她也是忧心忡忡。张永很害怕李商隐一时想不开寻了短见，便不住地劝慰他。尽管宋华阳被关了起来，但是只要活着，纵是天涯海角，还是会有机会重逢的。更何况他和宋玉阳会一直留在玉阳山，只要有任何消息，他们都会通知他的。

李商隐似乎听懂了张永的话，便擦干了泪水。张永说得对，只要活着，他便会有与华阳再聚的一天，不管这天离得有多远。

无 题

相见时难别亦难，东风无力百花残。

春蚕到死丝方尽，蜡炬成灰泪始干。

晓镜但愁云鬓改，夜吟应觉月光寒。

蓬山此去无多路，青鸟殷勤为探看。

相见的时候已经很不容易，而离别时更是让人难舍难分。东风无力百花凋零，是如此让人感伤。春蚕吐完最后一口丝才安静地死去，蜡烛流完最后一滴眼泪才耗尽自己的生命。当你坐在窗前对着镜子顾影自怜的时候，却发现鬓发斑白，已是年华衰老。夜晚你在月光下吟念着诗句，也会感觉到阵阵的寒气侵袭。此处离蓬山已经不远了，何况还有神鸟在为我打探消息。

我们相爱如此艰难，能够在一起的日子是何等的稀少，每次见面都是十分的困难。而如今这种离别，却让我更加难受。你是那样的懂我，我们曾经心有灵犀。可是现在这种状况，我一点办法也没有。任由你被孤零零地关起，我却无能为力。可是我真的很想你，就算到死时的最后一口气，我都无法停止对你的思念，停止我对你思念的泪水。就像那春蚕，就像那烛泪。天亮时坐在妆台前梳理发丝，你千万不要担心鬓发斑白。因为我爱的不是你的容颜，而是你蕙质兰心的聪颖，不食人间烟火的圣洁。在有月光的晚上，你会吟念我写给你的诗句吗？不要被那夜晚的寒气侵扰了，纵使我不在你的身边，你也要照顾好自己。虽然见你很难，但是我们隔得并不遥远，更何况还有王母的神鸟会为我打探你的消息。请相信我，我一定会找到你，继续爱你。

二　留得枯荷听雨声

文宗大和七年（公元833年）。

李商隐在玉阳山学道的两年时间里，也就是大和五年至大和六年，幽州军乱。副兵马使杨志诚煽动士兵驱逐卢龙节度使李载义，然后又杀死莫州刺史张庆初。当时唐文宗问宰相牛僧孺应该怎么办，牛僧孺说，安史之乱以后，范阳已经不归我们所有。不管是杨志诚占着范阳，还是李载义占着范阳，这对我们来说没有什么两样，皇上不必计较是逆是顺。于是文宗封杨志诚为卢龙节度使，调李载义为山南西道节度使，可见当时的藩镇割据现象已经完全正常化了。

二月，唐文宗提拔宋申锡任宰相，文宗与宋申锡密谋要诛杀宦官。宋申锡调吏部侍郎王璠为京兆尹商议此事，谁料王璠办事不力，竟将此事泄露。神策中尉王守澄发现此事，便想出一计陷害宋申锡。他先指使神策都虞侯豆卢著诬告宋申锡与文宗的弟弟漳王李凑密谋造反。李凑一向声望俱佳，文宗在位时一直防着他，生怕有人拥立他为皇帝。而如今这道奏折一上表，让文宗立刻生疑，随即令王守澄查明此事。王守澄接旨后带领百余将士准备抄斩宋申锡全家，幸好有人从中阻拦，才没使宋申锡全家尽灭。王守澄抓住李凑和宋申锡身边的官吏，经过严刑拷打，终于令其屈打成招。文宗以为证据确凿，便召集文武百官准备定宋申锡的罪状。朝中很多官员都知道这是个冤案，于是力保宋申锡。宋申锡算是保住了脑袋，被贬为开州（今四川开县）司马。

一场冤案刚刚结束，又一起大事正在维州（今四川理县）上演。维州西北的岷山本是唐朝国土，却被吐蕃所夺。同年九月，吐蕃维州副使悉怛谋率众投奔成都。西川节度使李德裕欣然接受，并派兵据守维州城。但此事上报朝廷之后，引来了牛僧孺的强烈反对，这让朝野一片嘘声。他说，我唐朝有万里疆土，失一维州并不算什么，根本不会损害我们的威势。唐朝正和吐蕃修好，这才是最重要的。如果惹怒了吐蕃，到时兵戎相见，我们怕是连京城都保不住，皇上还是以诚信为上吧。文宗本就懦弱胆小，被牛僧孺一说，吓得连发旨意，命李德裕归还维州，并将悉怛谋等人绑之送还吐蕃。李德裕接到旨令，无法不从。

吐蕃在得到悉怛谋以后，将其全部人马斩杀在维州边境，其状惨不忍睹，这让李德裕大为痛心。消息传到京师，大臣们一致指责当初不该缚送悉怛谋。如今胡虏痛快，更不把大唐放在眼里。文宗这时也很后悔当初的决定，更加责备牛僧孺的失策。牛僧孺更是后怕不安，连忙上疏辞掉宰相一职，出任淮南节度使。

此时的令狐楚已经调任河东节度使，驻守太原。李商隐不希望以这么落魄的样子去见有恩于他的令狐楚，便决定先回老家荥阳一趟。结果刚到荥阳，便得知堂叔已经久病不起，时日无多。

李商隐看着堂叔瘦弱的身躯躺在床上，心痛不已。他自丧父以后便得堂叔多年照顾，并教他学习诗文，等同于亲父。可是他还没有功成名就，还没有飞黄腾达，叔父便行将就木，李商隐的内心无论如何也接受不了这样的现实。在日日夜夜的守护下，李商隐陪伴着堂叔走完人生最后的时光。

李商隐跪在灵堂前，痛不欲生。他颤抖着双手，给堂叔写了一篇《祭处士房叔父文》的祭文，表达了自己对堂叔最沉痛的哀思：

> 某爰在童蒙，最承教诱，违诀虽久，意旨长存……追怀莫及，感切徒深……曾非遐远，不获躬亲。沥血裁词，叩心写恳。长风破浪，敢忘昔日之规。南巷齐名，永绝今生之望。冀因薄莫，少降明辉。延慕酸伤，不能堪处。苦痛至深，永痛至深！

办完堂叔的丧事，李商隐也一病不起。人生的失意一次又一次地冲击着他，科考的失利，无疾而终的爱情，亲人的再次离去。他瘦弱的身躯承受不了如此打击，这一病便是几个月。

在养病期间，李商隐想了很多事情。他清楚自己不能再这样消沉下去，父亲的遗愿还没有完成，令狐楚对他的关爱还没有报答，堂叔多年的恩情尚未回报，还有他心里一直惦念不忘的宋华阳。所以在身体渐渐有些好转的时候，李商隐带着自己的诗文去拜见荥阳刺史萧浣大人。

荥阳刺史萧浣与李商隐的堂叔算是故交，当年萧浣很欣赏堂叔的才华，曾有意将堂叔聘为幕府，可是却遭到了堂叔的拒绝。堂叔是个硬朗的汉子，心高气傲。本以为他折了萧浣的面子，便会遭到萧浣的厌弃。可是当堂叔的死讯发放出去的时候，萧浣却站在灵堂前哀悼惋惜。

萧浣没有将李商隐留在幕府，而是亲笔写了一封信将李商隐转介绍给当时任兖州观察使的好友崔戎。

崔戎，字可大，博陵郡王后代，官声特别好。

崔戎在回信中大谈和李家的渊源，信中说博陵郡王崔玄暐是崔戎的伯祖。当时他的母亲是兵部侍郎东都留守卢宏慎的大女儿，而李商隐的曾祖父李叔洪的妻子则是卢宏慎的三女儿。如此算来，崔戎是李商隐的姨表叔。回信中还说萧浣大赞李商隐的才华，这让他很是欢喜，希望李商隐能早日赶往兖州。

崔戎一封充满热情的书信让李商隐重新燃起了希望，他很快安顿好家中事宜，便上路赶往兖州。此时的崔戎已经五十多岁，身体略微发胖，但目光炯炯，说起话来有如铜钟，声声威严。李商隐拜见了表叔崔戎，又见到了两个表弟崔雍和崔衮。崔氏一家待李商隐极为客气，当崔戎得知道李商隐家境窘迫的时候，特意送一些银两叫他安排家事。

李商隐在崔戎的幕下做掌书记，所谓的掌书记便是掌管一些章奏之类的事情。平时事情并不多，更多的时候是跟着崔戎巡看兖州的军事情况。崔戎的两个儿子小小年纪却都不怎么爱习文，只喜欢舞刀弄枪，整日吵着打仗，所以巡看军营这种事情自然也少不了他们。崔戎待李商隐如同自己儿子一般，崔氏兄弟也将他视为自己的兄长。这让李商隐感激不尽，也对这位表叔的事迹更加熟悉。

崔戎虽是将门之后，但却是科考出身。博得功名之后被分在吏部，做了一个小小的校书郎。不久之后被提升为蓝田主簿，后来又从殿中御史升任吏部郎中，再由谏议大夫升任华州刺史。他的才华很受当今皇帝的赏识。崔戎从一个小小的九品官一直升至正四品官，本来还可以有更好的前程，谁料在华州当刺史时他用私钱救济了灾民。这件事被朝廷中的一些人所利用，说他利用身份之便贪污受贿。于是一纸调令，被调到了兖州这个荒凉的地方。

李商隐从不曾听到崔戎报怨过什么，但他能感觉到他心里的不平。每次喝过酒之后，李商隐都会看到崔戎站在城楼上，仰望着夜空。虽然总是沉默不语，但他能看出来，那眼神和他父亲在世时的眼神是一样的，写满了期盼与悲伤。

李商隐向崔戎提出要参加大和七年的乡贡考试，崔戎表示非常支持，并赠送他一些银两，希望他能一举高中。然而放榜至今已经有一个多月，在兖州等待消息的崔戎没有收到李商隐的任何消息，便猜想他是否又落第了。

崔戎猜得没错，这次乡贡的知举是礼部侍郎贾𫠦，取李余、李福和魏谟等二十五人登科进士，李商隐再次落第。其实这次在李商隐乡贡这件事上，崔戎还是暗中帮了他很多忙。他几次用重金请托主考官，并写亲笔信推荐，然而都没有起到任何作用。崔戎想起了李商隐的恩师令狐楚，他不明白为什么位高权重的他不为李商隐举荐。如果令狐楚肯出手帮忙，李商隐若想考个进士并非难事。崔戎突然想到了党争，莫不是这次的主考官是李党中人？李商隐是令狐楚的门生，自是不被待见。如果李商隐被卷入党争之中，那他的一生休矣。思及至此，崔戎心情沉重，为李商隐担心不已，生怕这次落第会打击他的信心。

就在崔戎不断挂念李商隐的时候，李商隐从长安赶回了兖州。没有想象中的失落，他显得很平静。崔戎总想找个机会安慰一下李商隐，但李商隐对乡贡的事只字不提，这让崔戎越发觉得不安。

许是经历了人生太多的打击，李商隐反而没有了太多的悲伤。他默默地做着掌书记的工作，只是表示不会放弃科考，这让崔戎的心安稳了些许。

第二年的夏天，崔戎突然患上霍乱病。每日上吐下泻，咳嗽不止。病情折磨得崔戎很快消瘦下来，眼眶乌黑，声音沙哑。崔戎很虚弱，虚弱到吃饭都不能自理。这可急坏了李商隐，他翻找所有的医书，并寻访当地的老中医开出各种各样的药方，然后一服药一服药地煎熬，让崔戎一点点地喝下去。崔戎不愿看到李商隐为他这般操劳，叫他不要再操心。可是李商隐始终坚持着，尽管那些药方全无效果。

那夜凉风阵阵吹进屋子，躺在床榻上的崔戎突然精神起来，唤着李商隐快拿笔墨过来。李商隐慌忙起来把纸笔铺在崔戎面前，却见崔戎提笔的手颤抖不已。崔戎叫李商隐代为执笔，一句一句地念给他听：

"臣闻风叶露华，荣落之姿何定。夏朝冬日，短长之数难移。臣幸属昌期，谬登贵仕，行年五十五，历官二十三……宪宗皇帝谓臣刚决，擢以宪司；穆宗皇帝谓臣才能，登之郎选……臣素无微恙，未及大年……

志愿未伸，大期俄迫……人之到此，命也如何！恋深而乏力以言，泣尽而无血可继。臣谋诚哀诚恋，顿首顿首……"

李商隐泣不成声，扔掉手中的笔跪在崔戎的床前。崔戎拉着李商隐的手，指着跪在一旁的儿子崔雍和崔衮说道："照顾好……弟弟。"

李商隐伏在崔戎的床榻上号啕大哭，又一个理解关爱自己的亲人逝去，他怎么能不伤心欲绝？直到天亮时分，眼泪流干，李商隐才站起身来。然后拉扯着两个表弟，为崔戎张罗后事。

听说崔戎去世的消息，令狐楚特派人前来吊唁。他亲自写了一封信，希望李商隐节哀，并能及早赶往太原，他会尽力给李商隐寻求一官半职。李商隐看过信后，告诉来人自己要亲自将表叔的灵柩运回老家安葬，以报其知遇之恩。来者见劝之无果，便随了他的意愿，赶回太原复命去了。

李商隐领着两个表弟，带着崔戎的灵柩从兖州再次千里奔波前往长安，一如十几年前他带着父亲的灵柩从浙江幕府赶往老家荥阳。出灵的那天，兖州城的百姓跪了一地。天地间剩下的只有恸哭，可是李商隐却再也没有掉下眼泪。

李商隐在安葬好表叔崔戎后，又将崔雍、崔衮两个表弟妥善地安置到表叔在长安时的旧宅里。

宿骆氏亭寄怀崔雍崔衮

竹坞无尘水槛清，相思迢递隔重城。
秋阴不散霜飞晚，留得枯荷听雨声。

翠绿修长的竹子一丛丛环抱着一尘不染的水坞，四周是澄清的湖水。隔着路途迢迢，隔着重重城池，风依然将我的思念传递。已是深秋时节，连霜也来得晚了些，只有一阵阵雨打枯荷的声音。

吊唁过表叔，告别了表弟，我便离开了长安。今日借宿在一个骆姓人家里，外面滴滴答答的雨声让我无法入眠，便起身来到骆家庭院的亭子里。那一丛丛修长的竹子围绕着洁净的水坞，清静幽雅，远离尘世喧嚣。此时的天空一片灰暗，浓重的阴云沉积不散。晚到的寒霜留下几片干枯的荷叶在水面上摇晃，落下的雨滴拍打着残破的荷叶，竟是一阵错落有致的夜曲。这是多么令人伤感的季节，我忍不住思念，思念我在长安的亲人。虽然隔着一重一重的城池，但有什么关系，秋风会将我的思念传递过去。这么美的景色已经无人与我共享，我才发现自己是多么孤单、寂寞。

三　不知身世自悠悠

文宗大和九年（公元835年）。

李商隐怀着忐忑的心情给恩师令狐楚写了封信，他希望能回到令狐楚的身边。但此前因为安葬表叔的事情，他不惜拂逆令狐楚的安排，坚持要亲自扶灵柩回长安，所以心里很是担心令狐楚会怪罪于他。信中言语委婉，希望令狐楚能够谅解他的感恩之心。令狐楚在回信中依然对他很热情，言其重情重义，孝感动天，又怎么会怪罪于他？所以在外奔波四年之久的李商隐再次回到令狐楚身边。

二月，李商隐再次提出参加乡贡考试。令狐楚想起崔戎在世的时候曾写信给他说过李商隐科考的事情，便打算和李商隐恳切地交谈一次。

待李商隐坐定后，令狐楚才幽幽开口："义山啊，你表叔崔戎在世时曾与我商讨过你科考的事情。按理说我的职位在朝中并不低，要为你安排一个官职也非难事。只是上次你去参加春试的时候我便说过，科考知举是李党中人。纵使你有再好的才华，也是断不会被录用的。这种事情屡见不鲜了，像'贤良方下直方谏科'的刘蕡。纵使再有才华，不也是受宦官权势的摆弄，落了个落第的下场吗？这几年的科考知举皆是李党中人，为师再怎么暗中活动都是徒劳。而这一次的乡贡知举是工部侍郎崔郸，你此番前去，怕会和上次是一样的结果。"

令狐楚这番话说得语重心长，听得李商隐心情沉重。这几年的生活磨砺，让他对官场上的是非恩怨也看得越来越清楚，令狐楚的良苦用心他不是不知道。他也不再是曾经那个天真的少年了，这么多次的科考落败，他很清楚令狐楚说的句句都是实情。可是倔强的他，依然坚持着心中的想法。

李商隐起身跪在令狐楚的面前："不管别人如何看待，义山都从未参与过任何的党争。您是义山的恩师，在学业上辛苦授教，让义山学识不断增长，在生活上更是对义山照顾有加。义山感激恩师恩德，自当为恩师效力。表叔崔戎待义山如同亲子，倍加呵护。表叔去世后，义山又怎能抛之不顾，怎么可以不尽一个儿子应尽的孝道？所以才亲自扶柩回乡安葬表叔，让他长眠故土。义山没有参加任何的党争，也最厌恶党派争斗，这些争斗最终害的都是全天下的百姓。义山只感恩厚待过自己的人。至于恩师所说的话，义山明白。但义山还是要去试一试，心中存有希望，总比心灰意冷要好。"

令狐楚闻言不语，他扶起跪在地上的李商隐。望着他许久，最后冲他挥了挥手。李商隐见状躬身作揖，退了下去，只留令狐楚一个人静静沉思。他从未怪过李商隐，相反，李商隐这种重情重义的年轻人让他很是喜欢。如果生在盛世，李商隐无疑是一个治世的贤臣。只可惜他生逢乱世，恪守本分和循规蹈矩的原则又怎么能让他安身立于官场之上？他不够圆滑，不够多变。即便踏入官场，也很难适应官场的生存环境。想到这一点，令狐楚心中一痛，对着李商隐退出去的地方连声长叹。

李商隐再次来到长安参加乡贡考试，结果不出意料地再次落第。也许是有了先前太多次的失败，李商隐没有表现出过多的悲伤，只是对朝廷的现状感到寒心。

长安城到底是京师，它的繁华程度胜过洛阳数倍。街道两旁饭馆药铺林立，酒幌在风中摇晃。满街都是叫嚷着的小贩，摆在阳光下的绸缎折射出柔和的光芒。

李商隐感觉这一切都很美好，怎样都无法与外面战火纷乱的场景联系到一起。他忆起了他十六岁第一次去拜见令狐楚时在路上看到的白骨，也想起了在兖州时看到过的饥渴的百姓。而眼前这一切，美好的景象让他错以为是幻觉。踏上夕阳楼，俯看着繁华的长安城，今昔对比，思及自己落拓的身世，李商隐禁不住吟念：

花明柳暗绕天愁，上尽重城更上楼。

欲问孤鸿向何处，不知身世自悠悠。

"欲问孤鸿向何处，不知身世自悠悠。"

李商隐听见有人重复着他刚吟诵的诗句，便回头相望。对方是一个头发已见花白的老者，眉眼间目光精亮，儒雅而智慧。

李商隐轻施一礼："在下不才，让先生见笑。"

老者捋着胡须质问道："年轻人应该是心怀天下，效力朝廷，为何在此这般感怀神伤？"

"谁不想有番作为呢？只可惜我命运不挤，惨遭排挤。屡次科考落第，又怎样才能为国效力呢？"李商隐语气平静，像是回答老者的问话，又像是自言自语。

老者大笑出声，遂朗声道：

052

赠君一法决狐疑，不用钻龟与祝蓍。

试玉要烧三日满，辨材须待七年期。

周公恐惧流言日，王莽谦恭未篡时。

向使当初身便死，一生真伪复谁知？

李商隐闻言大惊，慌忙重新打量老者，敬声问道："请问先生名讳？"

"白居易。"老者答道。

李商隐听罢连连惊奇："晚生怀州河内李商隐，拜见白文公。"

"原来你就是怀州才子李义山！"白居易脸上露出欣喜的笑容，"老夫早就听说过你了，只是一直无缘见面，没想到今日会在此相遇。"

白居易笑得爽朗，这让李商隐少了些紧张。

才子相见，惺惺相惜。白居易拉着李商隐来到自己落脚的客栈，非要与他同醉。白居易嗜酒是出了名的，在这一点上可与李白和杜甫有一比。二人分主客落座后，白居易命店小二送上好酒好菜，今夜欲不醉不归。李商隐此时见到心目中一直欣赏的白老，自是愉悦万分，便也同意把酒言欢。

酒过三巡，话便多了起来。白居易说道：“贞元十六年我中进士，十八年，与元稹同举书判拔萃科。十九年授秘书省校书郎，可以说老夫当时仕途是一路顺风。”

李商隐点点头，继续听白居易说着：“后来老夫罢了校书郎的官职，撰写《策林》而登‘才识兼茂明于体用科’，被皇上授县尉之职。再后来授翰林学士，次年又任左扣遗，再到后来任京兆府户曹参军。老夫官职又是连升，可见当时皇上是多么赏识我。”白居易回忆往昔，眼神中闪着希冀的光芒。李商隐独自酌酒，安静地听着。

“可是怪只怪老夫性情太耿直，每次都是直言上书，便渐渐惹下了祸端。元和十年六月，宰相武元衡和御史中丞裴度遭人暗杀，武元衡当场死亡，裴度受了重伤。当时朝廷内宦官勾结，发生这等大事，竟然没有人查办。老夫看不过去，便上疏要严查此事，缉拿真凶，给予正法。可是那些可恨的宦官，居然说老夫是东宫官，在谏议官之前议事是僭越行为，真是可笑。”白居易笑谈着自己的沧桑往昔，感觉不到太多的沉痛，仿佛他讲的是别人的故事。

李商隐替白居易斟满酒杯，犹豫着说道：“宦官当权，不知道连累了多少有志之士。”李商隐想说自己也受其所累，但最终还是忍住了。

白居易干掉杯中的美酒，又唤店小二再送过来两壶。今日遇到李商隐，他异常高兴：“老夫一生写过很多讽喻的诗，让这些宦官权贵们闻之色变，也让他们对老夫恨之入骨，所以他们找各种理由排挤老夫，于是老夫又被贬到了江州做司马。其实被贬又如何？他们依然挡不住我下笔，挡不住我写诗！"白居易说得有些激动，双手拍在桌子上，震得杯中的酒摇晃着洒到桌上。

李商隐对白居易的愤恨心情深感理解，他虽然没有做过什么大官，但宦官霸权的事他早就知道。一件又一件的冤案，一场又一场的战争，哪一次不是因宦官乱权而引发的？

李商隐心中泛起无限感慨："义山几经科试皆是落第，并非义山无才，也只因知举徇情枉法。义山胸中纵有凌云大志，却也难以实现。"

"面上灭除忧喜色，胸中消尽是非心。"白居易慢慢吟诵，都是天涯失意人啊。

见白居易沉闷地喝酒，李商隐也感觉话题有些太过悲伤。想了想，便笑颜道："其实白老的很多诗义山都拜读过，白老忧国忧民之心彰显其中。白老体恤民庶到杭州做刺史，忧心民生疾苦。筑堤捍湖，蓄水泄洪。治理西湖，疏通六井。让农田有水灌溉，让百姓有水生活。老白写的《钱塘湖石记》被雕刻成石碑，立在捍湖大堤。被百姓称为'白公堤'，可见白老心系百姓之心已被人们深深牢记。"

李商隐的这番赞颂倒是令白居易心花怒放，他兴奋地拉着李商隐的手说道："义山的才情才是叫老夫佩服，这几年老夫四处闲游，可是没少听闻义山的诗文啊。'可惜前朝玄菟郡，积骸成莽阵云深'，老夫当时就感慨，自己写了一辈子的诗都不及少年李义山啊。"

白居易的话让李商隐惊恐不已，慌忙站起身来作揖："白老这话如何使得，白老名誉天下，怎是义山能比？"

白居易起身扶住李商隐，叹声道："老夫虚长些年纪，才华却远不及你，你也不必自谦了。"

李商隐刚要说话，却被白居易打住了："繁华浮世，何必在意一些虚无的东西呢？今日相逢，有酒便醉。人生得与失，都没有酒来得痛快。"

那夜，白居易拉着李商隐喝了一夜的酒。李商隐不胜酒力，酩酊大醉。第二天醒来时，发现自己住在客栈里，而白老却已不见。

揉着疼痛不已的头，李商隐勉强坐起身来。却听见外面锣鼓喧天，人声嘈杂。李商隐唤来店小二，询问外面是何事情。

"您还不知道？这是安康公主回京了，净水泼街，百姓争着看热闹呢。"

安康公主回京了？李商隐的头立刻清醒过来，那么是不是华阳也回来了？

李商隐顾不上整理装容，趿着鞋子向外跑去。他站在二楼的窗边，看着公主的仪仗从东华门一步步驶来。他的手指紧扳着窗棂，瞪大的眼睛努力寻找着他期望的那抹身影。仪仗队伍越来越近了，李商隐觉得自己的心都要跳出嗓子眼了。第一拨举着"肃静"和"回避"牌子的侍卫已经过去，第二拨敲锣打鼓的侍卫也已经过去，接着是骑着高头大马的护卫将领……李商隐觉得自己的呼吸有些困难，扳住窗子的手骨节渐渐泛白，那个他日夜思念的人，他终于要再见到她了！公主的轿子越来越近了，李商隐眼睛都不敢眨一下。他怕他眨一下眼睛，便会错过了她。

所有的嘈杂都落在了他的脑后，所有的人都落在了他的视线之外。他的世界里只有那顶紫色的软轿，他知道轿子的旁边是她所在的位置。他紧紧地盯着那顶轿子，一眨不眨。

手持拂尘的宫女从他眼前走过……豪华的软轿从他眼前走过……大批的太监从他眼前走过……

他，没有找到那个熟悉的身影。李商隐呆呆地立在窗前，感觉自己的心像是被谁拿走了。他一句话也不说，没有悲痛，没有落泪，甚至连一点表情都没有，就那么直直地站在窗前，仿佛被抽掉了灵魂。

天色是何时暗下来的，李商隐不知道。当有人拍着他的肩膀的时候，他才回过头来，是白老。

　　不知道是如何回到房间的，李商隐坐在床前，眼睛迷茫地睁着，像是一具丢了魂儿的空壳。白居易看着李商隐，重重地叹息，看来外面的传言是真的。

　　"我给你讲个故事吧，"白居易看着失神的李商隐，缓缓说道，"有一个家境富裕的书生，喜欢上了他邻居的小女儿。那女孩小他四岁，聪明伶俐，还懂音律。他们青梅竹马，朝夕不离，渐渐地产生了感情。后来那书生为了博取功名而离家，女孩说会一直等着他。书生终于考取了进士，他欢天喜地地回到家，说要娶邻家的小女儿。书生的母亲果断地否决了他的要求，理由是邻居家太穷，配不上他们家。书生哭过闹过可都无济于事，不得已带着痛苦的心情离开了家。

　　又过了五年，书生做了校书郎。要将家迁到长安，他再一次地恳求母亲同意他的婚事。可是门户观念极重的母亲不但拒绝了他，而且在搬家的时候，硬生生地不让他与她见面。书生伤透了心，决定终身不娶，以抗议母亲的做法。又过了三年，母亲以死相逼。书生没有办法，只好娶了同僚的妹妹。"

　　"那后来他见到她了吗？"李商隐望着白居易，声音里有些颤抖。

　　白居易深吸一口气，继续讲道："后来书生仕途不顺，被贬江州。在途中他遇到了与父亲一起漂泊的女孩，那时他们已是十五年未见……"

　　"你……"李商隐听言张大了嘴巴。

　　"我就是那个书生，那女孩叫'湘灵'。"思及往事，白居易不禁黯然神伤。

　　李商隐慢慢低下了头，他想说些什么，却不知道该怎么表达。

　　"其实只要活着，便会有再见面的机会。安康公主这次回京，听说是要去吐蕃和亲。可是不管怎样，你还知道一个方向。只要你不曾遗忘，人生便总有相逢之日的。"

白居易的话让李商隐重新燃起了希望，是的，张永也曾经和他说过，只要还活着，就总有机会再见面的。李商隐手中握着宋华阳绣给他的手帕，帕上的荷花开得正盛。

碧城三首（之三）

七夕来时先有期，洞房帘箔至今垂。

玉轮顾兔初生魄，铁网珊瑚未有枝。

检与神方教驻景，收将凤纸写相思。

武皇内传分明在，莫道人间总不知。

长安城从春天转入了夏季，风细细缓缓，迂回在长安的每一条街道，带动着柳枝摇曳生姿。

白居易准备离开长安，正与李商隐话别。

"白老决定去哪了吗？"李商隐问道。

"四处游览一下吧，我已在官场漂泊半生。如今已近暮年，寻得一静雅之处，学古人归隐吧。"白居易笑谈着，一如初见时的模样。

"义山老弟又有何打算呢？"白居易问道。

"我……应该会继续参加科考，这是家父的遗愿，而且既然她在那道宫墙之内，我也唯有这样，才会离她更近一些。"李商隐望着长安城最高处的宫殿，幽幽地说道。

"也好，有信心便总会有希望。"白居易顺着李商隐的目光望去，那幽深的宫闱里，不知道圈住了多少女子的年华。

"义山，如果有来世，你会做什么？"白居易收回悠长的目光，突然问道。

"我？我不知道。不过我应该还会做一个诗人，即使这一世如此寂寞。"李商隐低低的声音像是从远处飘来。

"如果有来世，我愿为你子。"白居易笑了，有一种抛却浮华的味道。

"什么？"李商隐收回目光，疑惑地望向白老，他感觉自己好像听错了。

"漂浮尘世这么多年，我见过很多落魄的书生。他们要么悲天悯人，抱怨命运不济；要么随波逐流，最终成为丧失本性的可怜虫。唯有你是不同的，你恃才且隐忍，却也重情重义。也许是你经历过太多的磨难，造就了你坚韧的性格。虽然落魄，却感觉是凌驾在浮华之上，有一种世俗不浸染的气质。如果有来世，我愿为你子。"

白居易走了，徒留惊呆的李商隐站在原地。白老的话一直萦绕在他的耳边，这话让他感动。因为白老懂他，欣赏他。

白居易走了，李商隐也准备回到太原令狐楚那里。这一离开又是数月，他也该赶回去了。

令狐楚对李商隐落第的事情并未多提，而李商隐也不愿提起，这件事便慢慢淡了下来。令狐楚帮他寻了个抄写文书的差事，这个动乱的年代，能够安稳地做点事情已经不易了。

安康公主被送去吐蕃和亲的消息已经确认了，李商隐听闻后并没有太大的悲伤。他心中有着执著的信念，那就是不管宋华阳在哪里，他都会找到她，然后带她远走高飞。

四　天荒地变心虽折

此时的朝中也正在不断地发生变化，李德裕再度被贬，任袁州长史。而郑注与李宗闵不和，因此借杨虞卿之事进言给文宗。于是李宗闵也被贬，任明州刺史。刚过三个月，李宗闵再次遭贬，从明州刺史贬为处州长史。朝廷官员的不断变动，也刚好促进了某些势力的形成。王守澄在陷害宋申锡之后，立刻成为朝中势力最大的宦官。他掌管神策军的大权，又几次操纵皇帝，这让唐文宗很是气恼。唐文宗这一气便生病了，找了很多御医都未治好。刚好王守澄手下的郑注精通医术，在给文宗煎过几次药之后，文宗就渐渐地好了起来。这让文宗很是欣赏郑注，遂把他提拔为御史大夫。郑注又把自己的好友李训推荐给文宗，于是李训也深得皇帝宠信。郑注和李训在取得文宗信任后，文宗便把自己的苦恼向二人吐露。宦官权大，他想除之。郑注和李训商量之后，给文宗想出了一个以毒攻毒的办法。此时的王守澄势力最大，很难扳倒他，于是他们便利用王守澄的势力首先把其他的宦官消灭掉。韦元素、杨承和王践言三大宦官被贬到了外地，不久之后又被处死。然后郑注和李训二人又打听出宦官仇士良与王守澄素来不和，便劝文宗把王守澄的神策军中尉的官衔封给仇士良，再封王守澄为左右神策军观军容使。这样王守澄便乖乖交出了军权，没有军权的王守澄最终被唐文宗一杯毒酒赐死了。

除去了王守澄，接下来要除掉的便是仇士良。为此李训大费心机，密谋与禁军统领韩约一起动手。

十一月二十一日，文宗照常上早朝。待百官入朝行过跪拜之礼后，韩约上前启奏，说昨夜天降甘露，就在左金吾厅后。"甘露"即甜美的露水，古人视其为吉祥的好兆头。文宗一听大悦，忙令宰相李训前去查看。李训装模作样地到外面走了一圈，回来说那甘露未必是真的，请皇帝亲自去验看。于是文宗又让仇士良带着宦官去查看，仇士良邀请了韩约一起去。他走到左金吾厅的时候，发现韩约神色紧张，脸色苍白，顿感奇怪。正在疑惑之际，一阵风吹来，刚好吹动了门边挂着的幕布。仇士良发现幕布后埋伏了不少兵甲，大吃一惊，连忙返回文宗那里。

李训见仇士良返回，知道事情已经败露，连忙令埋伏的卫士上前护驾。谁知这时仇士良已经把文宗劫持在手，在一阵厮杀之后，仇士良带着文宗逃出宫去。李训见大势已去，连忙换上小吏的官服，混出宫去。仇士良遂派兵出宫追杀，李训仓皇逃命，却最终被仇士良所杀。而郑注从凤翔带兵赶回来支援，也被监军的宦官所杀。这次事件被称为"甘露之变"，牵扯在其中而被诛杀的有一千多人。事变之后，文宗更是被宦官们严密监视，如同玩偶，而宦官的气焰更加嚣张。

"甘露之变"是晚唐史上一次重大的变故，荼毒了很多无辜的生命。当血染整个长安街道的时候，引起了很多诗人的感怀慨叹。李商隐挥笔写下《有感二首》：

> 九服归元化，三灵叶睿图。如何本初辈，自取屈牦诛。
> 有甚当车泣，因劳下殿趋。何成奏云物，直是灭萑苻。
> 证逮符书密，辞连性命俱。竟缘尊汉相，不早辨胡雏。
> 鬼箓分朝部，军烽照上都。敢云堪恸哭，未免怨洪炉。
> 丹陛犹敷奏，彤庭欻战争。临危对卢植，始悔用庞萌。
> 御仗收前殿，兵徒剧背城。苍黄五色棒，掩遏一阳生。
> 古有清君侧，今非乏老成。素心虽未易，此举太无名。
> 谁瞑衔冤目，宁吞欲绝声。近闻开寿宴，不废用咸英。

白居易也曾留下诗文：

> 祸福茫茫不可期，大都早退似先知。
> 当君白首同归日，是我青山独往时。
> 顾索素琴应不暇，忆牵黄犬定难追。
> 麒麟作脯龙为醢，何似泥中曳尾鱼。

许浑也赋有诗文：

云蔽长安路更赊，独随渔艇老天涯。

青山尽日寻黄绢，沧海经年梦绛纱。

雪愤有期心自壮，报恩无处发先华。

东堂旧侣勤书剑，同出膺门是一家。

"甘露之变"之后，唐文宗将年号改为开成（公元386年），可是事情并没有结束。事变之后朝廷上下很多官员不满，其中昭义节度使刘从谏对仇士良的所作所为深感不满，便上疏文宗诘问被杀官吏王涯等人究竟是何罪名。刘从谏说："内臣擅领甲兵，妄杀非辜。流血午门，僵尸万计。臣当缮甲练兵，入清君侧！"仇士良知道这件事后，也是惶恐不安，便想办法让文宗给刘从谏加官，晋爵为正一品的司徒官职，以收买其心。刘从谏却再次上表辞让，说出"死未申冤，生难荷禄"的话来，又罗列了仇士良十几种罪状，并准备起兵征讨。这才迫使仇士良畏惧，稍稍收敛了自己的行径。朝官才可以行使一些职权，不再事事受宦官所牵制。

李商隐对刘从谏直言敢谏的行为深感钦佩，遂为此事写了首诗：

重有感

玉帐牙旗得上游，安危须共主君忧。

窦融表已来关右，陶侃军宜次石头。

岂有蛟龙愁失水？更无鹰隼与高秋！

昼号夜哭兼幽显，早晚星关雪涕收。

昭义节度使管辖着潞州、泽州、邢州、洺州和磁州（今山西南部）五大州，纵观全局。这里离长安又近，地势险要。而且刘从谏治军有方，主帐威仪。军旗猎猎，治军严谨。其实力雄厚，不可小视。如今君主为宦官所迫，作为雄踞一方的藩主，应该与君主共患难，这是做臣子义不容辞的责任。东汉时期的窦融为凉州牧，驻守河西。他曾上疏刘秀询问征讨西北军阀隗嚣的日子，表示愿意为朝廷效力。东晋名臣陶侃，在苏峻作乱时，他任荆州刺史，曾与温峤等人会师石头城，一起诛杀苏峻。皇帝被宦官软禁，有如蛟龙失水，没有自由。刘从谏啊，已经没有人能像鹰隼那样搏击秋冷的高空了！宦官的强权统治已经让人神共愤了，希望你能早日出兵讨伐宦官，恢复朝廷稳定，让百姓擦干泪水吧。

刘从谏的奏书确实让仇士良恐慌了一阵子，然而数月过去，仇士良发现刘从谏并没有起兵讨伐的迹象，他忍了许久的心思又开始活动起来。放眼文武百官，该死的都已经死了，不死的也已经被他贬到外地。如今剩下权势最大的，就属令狐楚了。

令狐楚在接到调令的时候，显得很平静，从李德裕被贬之后他就料定早晚会有这么一天。而令狐楚此次出任山南西道节度使，驻节地为兴元。

令狐楚看着仆人收拾行装，便将李商隐唤了过来："义山啊，此次我前往兴元，你和我一起去吧。"

李商隐见恩师一把年纪还要再受奔波之苦，心里很不是滋味。他忍住心中的难过，回答道："弟子理应陪伴恩师左右，侍奉恩师的。可是不知道何故，弟子前些时日作的几首针对仇士良的诗被传得人尽皆知。仇士良是个无耻之徒，若不是他从中作梗，恩师今日也不会被调去兴元那么遥远的地方了。如果弟子再随恩师前去，不知道会不会让仇士良再有机可乘，对恩师不利。"

李商隐说得悲悲切切，令狐楚心中一阵感动。自己儿子好几个，却没一个像义山这样仁义孝顺。

"我并不在意仇士良那样的小人，你若随我去了，我身边倒也多个可以说话的伴儿。"令狐楚的话说得很轻很轻。

李商隐抬起头来望向令狐楚，他突然觉得令狐楚早已不是当年那个站在他面前足以让他仰望许久且高高在上的官吏了。他觉得此时令狐楚站在他面前，就是一个老人。已在暮年，而且孤独无靠。

李商隐的鼻头一阵酸楚，他想追随恩师而去，却又害怕给令狐楚惹上麻烦。令狐楚如今已经被贬，如果仇士良再耍什么心机，很可能会对恩师不利。李商隐思及此处，抉择两难。看着年事已高的恩师，这么多年他并未在其跟前尽过多少孝道。好在令狐楚体谅他，从未怪罪于他。这样一来，李商隐觉得更加惭愧。于是跪在令狐楚的身前，痛声道："恩师刚刚被调离，若再因弟子的几首诗文而遭到仇士良的陷害，弟子会悔恨终生。弟子当然愿意随恩师去兴元，可弟子也不能害了恩师。还请恩师先行，待这边风平浪静些，弟子就立刻赶往兴元去陪伴恩师。"

李商隐说得重情重义，令狐楚不觉泪眼婆娑："罢了，罢了，那你过些时日再来吧。"

令狐楚把家中事宜交给令狐绹打理，并叮嘱他给李商隐寻个官职，照顾好家院便孤身上路了。此时的令狐绹早已踏上仕途，任弦文馆的校书郎。大约半年时间，令狐绹由校书郎升任为左拾遗。于是令狐绹带着家眷赶去长安复命，李商隐一同前往。

到长安安顿好之后，令狐绹便每日出去拜访朝中同僚，每日都是喝得醉醺醺的才回来。李商隐看此情景后突然觉得他和令狐绹已经是两个世界的人了，令狐绹跻身朝野，而自己依然是一个落魄的书生。虽然两人关系依然好如当初，可是不知道为何，李商隐心里总有种莫名的忧伤。

令狐绹终于不再出去应酬了，但却是每日在家中大摆宴席，宴请同僚好友。每次都是歌舞升平，不醉不散。为此李商隐曾多次劝阻令狐绹，说这样要是被恩师知道了，肯定会被责怪的。然而令狐绹有自己的一套说辞，他说入朝为官，最重要的就是处理好与同僚之间的关系。父亲就是因为太过耿直，与各个同僚之间永远保持中立，所以到头来才会一路被贬，变成如今的样子。我要吸取父亲的前车之鉴，妥善处理各层关系，以备日后不时之需。李商隐听罢，虽然不大赞同令狐绹的说法，但也不否认有几分道理。况且栖身于人家屋檐之下，也不好做出太多的干预。所以在劝过几次，而且并没有取得多大成效之后，李商隐便也随他去了，他并不想在这件事上与令狐绹发生争执。

李商隐在令狐绹身边待了数月，令狐绹整日为自己的前程而忙碌应酬，也无暇顾及他，李商隐怅然若失。在京城待了几个月，见仇士良也没有找他什么麻烦，李商隐感觉安心了。转念一想，仇士良是朝中权势最大的宦官，怎么会有时间来管一个落魄的书生？如此想来，又暗笑自己太高估了自己。整日无所事事地待在这里，李商隐便挂念起令狐楚来。恩师年事已高，又孤身在外，令狐绹有自己的前程要忙，也顾不上远在外地的父亲。想到这里李商隐便觉得心中有愧，愧对恩师这么多年来的帮助。于是他向令狐绹请辞，说牵挂恩师，想去兴元走一趟。令狐绹心知自己冷落了李商隐，再加上李商隐说要去探望父亲，他也不好阻拦，便同意了此事。

李商隐简单收拾了一下行李，其实也没有什么可收拾的，他就那么两件衣物，装进包袱里便可。

令狐绹拉着李商隐的手说："父亲年纪大了，我却不在身边，这次就麻烦贤弟替为兄尽孝了。"

"恩师待我如同亲生儿子，令狐兄不必说这些客套话，我自会好好照顾恩师。"

令狐绹送给李商隐一些路上所需的银两，叮嘱他一切小心。李商隐拜别了令狐绹，便孤身上路了。

李商隐驾着马车出了长安城，一直向东南方行驶。车子徐徐前行，沿途的风景尽收眼底。前面不远处是一座废弃的城池，李商隐放慢了行车的速度。他牵着缰绳，跳下马车，晃晃悠悠地任马车跟在身后。待行到破旧的城门口处，李商隐发现有一个衣衫褴褛的老头倚靠着半壁残垣，哼叫着发出微弱的声音。

"你怎么了，老人家？"李商隐丢下缰绳，赶紧跑了过去。

老头虚弱得话不成句，李商隐将耳朵贴近了他的嘴巴，才明白他想要什么。李商隐赶紧跑回马车，翻找了一些食物和水，递到了老头手里。

吃了东西，老头状况明显好了许多。李商隐挨着老头坐下，看着他把所有的食物吃完，才与他攀谈起来。

"老人家，这里残垣断壁，已经是座废城了，您怎么还待在这里呢？"李商隐目光所及之处，无不荒凉。

"去哪里？这普天之下都是皇土啊！你看看，这曲江池曾是玄宗亲辟的城池，如今都已这副模样，别的地方还能比这里好多少呢？"老头抬起干瘦的手指着眼前的残垣，目光凄凉。

"这里是曲江？"李商隐疑问道。他听说，曲江曾是长安最繁华的风景区。可眼前的场景，无论如何也与繁华二字联系不上。

"是啊，这里就是曲江。我在这住了一辈子。记得那时的曲江，街道两边楼铺林立，小商小贩围满整条街道。从这边望到那边，人影簇动，热热闹闹的特别好看，可是如今你看，"老头枯瘦的手指指向颓废的城池，"你看哪儿还有繁华的影子？"

"怎么会变成这样子？"李商隐不解地叹息着。

"你可知道这废城里，埋了多少忠良枯骨？他们都是被昏庸的皇帝害死的。"老头含混不清的言语带着愤怒，他扶着李商隐，顺着城墙慢慢地站起。李商隐这才发现，老者已经泪流满面。

"其实，您还是可以换个地方，这里都没有什么人居住了。您一个人在这里，谁能照顾您呢？"李商隐劝说道。

"哈哈，去哪里呢？"老头突然笑了起来，那笑声在空旷的废城中回荡，显得格外凄怆。

"国君无能，子民无家啊。"老头大叫着，像是要将心中所有的愤怒都发泄出来一般。

李商隐想安慰一下老头，说一切都会好起来。可是他心里很清楚，大唐世风日下，到处动乱。什么时候能好起来，谁又能知道呢？他找不到合适的词来安慰老者，他第一次感觉到自己的语言原来是这样贫瘠。

老头絮絮叨叨地念着什么，只是声音越来越含混不清。当李商隐再次靠近老头时，发现他站起的身子顺着墙壁一直向下滑落。

他听到了，他听到他说："内忧外患，匪乱横生。国将不国，走到哪儿都一样。"

李商隐唤着老头，发现他再也没有反应，这才意识到他已经死了。

李商隐把老头葬在了曲江边上。他想给他立个碑，却发现他根本不知道他叫什么。李商隐猜想，也许他是这曲江城中某个官家的奴仆，要不然他为什么会悲愤地指责天子，替忠良喊冤呢？

站在残败的曲江城前，李商隐想起了很多人。他想起站在月光下抬头仰望的父亲，他想起了书堂里教他执笔习文的堂叔，他想起了咳血在床榻上的表叔，还有如今一脸沧桑倦感的令狐楚。这些都是他最尊敬的人，都是心怀天下、忧国忧民的人。他何尝不是一样地忧心天下苍生，可是仕途无望，他只能眼睁睁地看着，看着一切发生，无能为力。

面对着唐王朝的衰落，面对着自己多舛的命运，李商隐身上散出的全是悲凉的味道。

李商隐伫立在曲江前，沉缓地写下了一首诗：

曲　江

望断平时翠辇过，空闻子夜鬼悲歌。

金舆不返倾城色，玉殿犹分下苑波。

死忆华亭闻唳鹤，老忧王室泣铜驼。

天荒地变心虽折，若比伤春意未多。

放眼望去，曲江再也看不到昔日帝王驾车临幸时的盛况了。曾经繁华绝代的曲江，四处是林立的宫殿。宽阔的街道上每天都会有华丽的玉辇走过，身着彩色衣服的宫女姿态婀娜。而如今这里只有一座荒凉孤寂的城池，只能在夜半时分，听到冤死的鬼魂唱着悲凉的歌。曾经乘坐金舆与皇帝一同出来游玩的美丽宫人再也没有来过，只有玉苑中的水，依旧在寂静中流进玉殿旁边的御沟。西晋陆机被宦官孟玖谗言所害，临死前还悲忆华亭的鹤鸣之声。后来将军索靖预见到天下将大乱，指着洛阳宫门前的铜驼叹息："不久以后，你们可能就要埋在这荆棘中了。"这场翻天覆地的变故虽然很是摧折人心，但比起对这个国家前途命运的忧虑，还不算多。

五　当时七夕笑牵牛

刚到达兴元时，令狐楚因为身体不太好，拒绝了所有官员的拜访。而一切的事宜也暂由原来的地方官处理，令狐楚只吩咐下面的官员每日把所发生并需要处理的事务分好类别之后奏报给他。

此时的令狐楚已是七十一岁高龄，一生混迹官场，他也曾经叱咤风云。而如今年事已高，只希望有一个平和的晚年。然而天下动荡不安，他纵有心匡扶，却也没有力挽狂澜的能力了。人老了，真的是件悲伤的事情。回想起自己年轻的时候仕途顺畅，满腔鹄志，报效朝廷，让百姓安居乐业。转眼间自己便已风烛残年，可是天下却更不如前了。

人老的时候都容易感伤，容易孤独。所以当李商隐到来时，令狐楚显得异常开心。也许是人年纪大了都渴望有亲人陪伴在自己身边，尽管李商隐不是他的亲人，但却是他最喜欢的弟子。有了李商隐的精心照料，令狐楚的身子渐渐好了起来。令狐楚任李商隐为掌设，这样也方便他每日帮自己打理送到节度府里的奏报。每次李商隐处理过的事情，令狐楚都会再过目一次。处理好的地方，他会表扬；处理不妥的地方，他会指出哪里不妥，然后告诉他如何去解决，这也是令狐楚有意锻炼李商隐。看着李商隐逐渐成熟，令狐楚很欣慰，他除了欣赏李商隐的才华之外，更欣赏的就是李商隐重情重义，孝义有加。

令狐楚的身子完全好起来的时候，下属的官员开始设席摆宴，宴请的理由是庆贺节度使身体康复。这种宴会表面上说是祝贺令狐楚病愈，实则是给地方官吏一个讨好节度使的冠冕堂皇的理由。令狐楚下令把宴会设在节度使府，并让李商隐也参加。李商隐推托着，却不料令狐楚说以后跻身官场，这种应酬是难免的。现在多认识些官员，说不定以后会有所帮助。如此一来，李商隐也不好推辞，便应了下来。

傍晚时分，李商隐从后院的房间里走出来。看见一盆一盆花摆在走廊上，长廊檐下坠着的全是红绸。整个庭院的树上挂满了彩色灯笼，照得整个院落甚是明亮。李商隐刚拐过第一道门厅时便听到有歌乐声和笑骂声传来。他不免摇了摇头，无奈地向前堂走去，民生疾苦，却也挡不住官家欢笑啊。

宴会上的人还真是不少，李商隐扫视了一遍，一个也不认识，便挑了个靠边的位置独自坐着。堂上的欢笑声似乎没有感染到李商隐，他独自沉浸在自己的思绪中，手边的酒一杯接一杯地送进口中。

李商隐的酒量并不怎么好，连喝几杯之后眼神便有些迷离。他眯着眼睛看着眼前的一切，浮华而美丽。

宴堂的中间站立着一个女子，琴瑟声音一响起，那女子柔软的身子便旋转了起来。慢抬手，速转腰。彩色的长裙随着她的扭动化成一阵一阵的浪花，悠然而美丽。她踩着优美的步子，伴着身上叮叮当当的环佩声，犹如莲中起舞的仙子。

大厅里响起一片欢呼叫好声，李商隐也调转了视线望过去。那女子纤细而美丽，在转身的一刹那，她的目光刚好对上他的视线。

李商隐仿佛整个人瞬间落入了冰窖里，冰冷侵袭了四肢百骸，他的酒也醒了。他没有想到会在这里遇上柳枝，在分别了六年之后。额间落梅妆的形状，一如当年他见到她时的模样。

柳枝也看到了李商隐，明亮的眼睛里流露出惊讶的神态。但也只是一瞬间，她便继续她的舞蹈。只留下李商隐呆坐在那里，任思绪纷飞。

她应该是他的故人吧，李商隐回忆着与她有关的一切。可是好像他能记得的东西很少，他印象里只有那一个画面。她曾经站在柳枝下抱着团扇等他，她笑着折下柳枝对他说着一个约定。

李商隐的心被记忆揪扯着，原来他曾经有负于她。在他情窦初开的年华，她是那样的仰慕他。他没有忘记与她的约定，但是他却负了她。再寻她时，她已出嫁。虽然只有一面之缘，他却真正地伤心过，流泪过。只是后来他遇到了宋华阳，才渐渐忘记了她。

"柳枝。"李商隐呢喃着这个名字。看着她一曲舞罢，看着她坐回原来的位置，看着她在别人的怀里微微挣扎最终还是乖乖听话。

李商隐陷入自己的思绪中无法自拔，宴会上的一切喧闹都在他的思绪之外。直到柳枝端着酒杯站在他的面前，不断地唤着他的名字时，他才反应过来，柳枝在依次敬酒。

"我没有想到，会在这里遇见你。"李商隐端起酒杯，呢喃着开口。

多年不见，柳枝成熟了很多，早已不复昔日站在柳枝下的羞涩。她依然是一身浅黄色的衣装，只是多了些金钗步摇，走起路来摇曳生姿。她对他笑，含情脉脉，她的眼神顾盼流离。

"我也没有想到，我以为今生都不会再见到你。"柳枝轻柔的声音有些颤抖。她有千言万语，却无从说起，也不能说起。

李商隐想拉着她说些什么，却见满堂宾客的目光都落在柳枝身上。他张了张嘴，最终还是放弃了，端起面前的酒杯一饮而尽。

说不清心中是什么滋味，他的眼神紧跟着她。柳枝还是那样纤瘦，像她的名字一样，柔弱如柳。他突然想知道她过得好不好，却又感觉自己没有资格问这样的话。

他的耳朵里满是旁人的议论声，全是有关她的话语，原来她已经成了青楼的头牌。李商隐的心被这些话语撕扯着，一杯一杯的酒灌入喉咙，直到刺激得大脑一片空白。他的目光始终落在一个人身上，尽管她卑微地站在角落里。

李商隐感觉堂内喧闹得有些压抑，便起身走了出来。夜色真的好美，皎洁的月光照着整个后院，安静极了，李商隐下意识地将手伸到衣襟里。

"原来你一直带在身边。"温柔的声音在身侧响起。李商隐站在走廊上，没有回头，也没有答话。他手中握着的，是一条浅黄色的衣带。

宴会的宾客渐渐散去，李商隐带着柳枝躲到了后院画楼西面的桂堂里。那里很少有人去，不会被人打扰。

八月的院子里满是桂花的香气，李商隐拉着柳枝的手，始终不肯放开。柳枝便任他这样牵着，不说一句话，只是这样安静地跟他走着。风吹进房间，里面便弥漫着淡淡的香气。

许久，李商隐放开了柳枝，静静地注视着她。她还是有了些变化。她的眉头会不自觉地微皱，眼睛里有着不易察觉的愁楚。

"这些年，你过得好吗？"李商隐轻声问道。

"不好。"柳枝的声音细细的,"祓禊节我没有见到你,却被一个富商看中。碍于他家的势力,母亲把我嫁了过去。其实做小妾也没有什么不好,虽然有时候会被比我早进门的那些女人欺负,不过老爷对我挺好,我也便满足了。那时我还会经常想起你,可是动乱了,老爷死了,家也就散了,我便流落街头。再后来永安坊的老板收留了我,教我弹琴跳舞。慢慢熬成了头牌,现在多是流连在官宴和乐场里。"柳枝轻缓地诉说着自己的经历,没有太多的悲伤,没有太多的情绪。

李商隐觉得自己的心像被火灼烧过一样,他不是没有想过柳枝。他以为她嫁到富裕人家,终究是会衣食无忧;他以为虽然战祸不断,但她还是会有一方砖瓦遮蔽风雨。他没有想过会是这般经历,他想象不出柳枝受了怎样的苦。李商隐悔恨,这一切都是他的错。如果那天他赴了约,结果肯定不会是今天这个样子。李商隐一把将柳枝搂进怀中,抱得紧紧的,似乎想要把她揉进自己的身体里。

"你有没有,想过我?"柳枝不确定地询问。

"嗯。"李商隐重重地点头。他没有骗她,他是真的想过她。

"可是,你为什么没有来找我?"柳枝终于还是忍不住问道,这个藏在她心里多年不能解的谜团。

"我……"李商隐想说自己的行李被温庭筠抢走了,自己去追赶他了。李商隐想说其实他后来找过她,只是他也不知道她去了哪里。可李商隐什么也没有说出来,他觉得所有这些解释都很苍白无力,尽管这是真实的原因。

"你可以原谅我吗?"李商隐问。

柳枝将头轻轻地靠在李商隐的胸口,她能听到他的心跳声。她幽幽地说:"我从未怪过你,其实我一直都知道你。我知道你去过长安,也知道你去过兖州,我还知道……你爱过一个女子。"

"你怎么会知道这些?"李商隐的身体明显怔了一下,他不知道这算不算是他给她的一种伤害。他愧疚,愧疚地不敢低头看眼前的女子。

"你给她写的诗，传遍了整个长安，也自然会传到这里。'相见时难别亦难，东风无力百花残。'你知道吗，我很嫉妒那个女子。你为她写诗，让世人都知道你爱她，却没有人知道我也很爱你。"

柳枝的泪水顺着眼角滑至腮边，滴在李商隐的衣服上。泪痕一点点地扩大，终于李商隐感觉到胸口处一片冰凉。

"我也会为你写诗，我会让天下人都知道你对我的情义。我会把我们的故事写进《序》里，我不会让你受委屈。"李商隐动情地说道。

"真的吗？"李商隐说得情真意切，柳枝已经感动得泣不成声。

李商隐郑重地点头，柳枝才破涕而笑。柳枝留下自己的地址，她约了李商隐明日相见。

送走了柳枝，李商隐躺在床上久久不能入睡，外面皎洁的月光照得屋中一片明亮。他想起了曾经也是这样一个满是月光的夜晚，宋华阳依靠在他的肩头和他说着无尽的情话。然后他又想到了柳枝，柳枝一脸期盼地站在树下等他，手指紧捏着团扇不断地张望。当柳枝的身影与宋华阳的身影慢慢重叠在一起时，李商隐的眼皮终于开始打架。那一夜，他做了一个很长的梦。梦里全是柳枝和宋华阳，她们不断交替着出现在梦境里。

次日，李商隐很晚才起床。昨夜的梦境太过沉重，让他的头有些微痛。令狐楚以为他昨日宴会上酒喝多了，便没有催促他起来。待他整理好装束踏出房门的时候，太阳已经升得很高，阳光照得他有些睁不开眼睛。

在处理过奏报之后，令狐楚便要去巡查军中的事宜。李商隐推托说酒劲还没过，想回去休息，令狐楚也不勉强。待恩师走后，李商隐也出了府，他想起和柳枝的约定。

白天青楼都会关门休息，青楼这种地方向来都是晚上热闹。李商隐站在永安坊的牌匾前，不知道要不要敲门进去。

就在李商隐犹豫的时候，柳枝打开了门。李商隐一愣，随即笑了起来。柳枝已经等他半天了。跟随着柳枝踏进了二楼的闺房，李商隐突然感觉脸上有点热辣。

柳枝拉着他的手坐下，屋中的圆桌上已经摆好了酒菜。李商隐不知道该怎么打破这种暧昧的气氛，虽然他不是第一次进青楼，但是对面坐着的是柳枝，这让他连抬头的勇气也没有。

柳枝抬手斟满一杯酒递给李商隐，李商隐接过来一口便喝了下去。喝得有些仓促，呛得他不断咳嗽。柳枝笑着帮他拍打后背，笑他怎么这么不注意。

李商隐低着头红着脸，也不说话。突然间他想起什么来，从怀中掏出一张折着的纸，递到柳枝的手上，说："这是我为你写的诗。"

柳枝听闻笑容顿时僵住了，她凝视着李商隐手上的纸笺，颤抖的手指怎么也抓不到那张纸。柳枝突然伏在桌子上，把头埋进臂弯里，双肩不断地起伏着。

李商隐慌了神，他不知道柳枝为什么哭泣。难道他又做错了什么？可他实在不知道错在哪里。他的手抚过柳枝的发丝，落在她瘦弱的肩胛处，轻拍着，无声地安慰着她。

柳枝哭过了，便抬起头来。李商隐看到一双梨花带雨的眼眸，楚楚可怜。柳枝说："你的诗会让很多女人落泪，曾经是为她，那现在会不会也有人为我落泪？"

李商隐感觉柳枝受了太多的委屈，他将她揽在怀里："会的，肯定会的。"

"那你念给我听。"柳枝娇声柔气。

李商隐没有展开诗笺，他扶起柳枝，站起身来，一步步走到窗前，他背给她听：

花房与蜜脾，蜂雄蛱蝶雌。同时不同类，那复更相思。

本是丁香树，春条结始生。玉作弹棋局，中心亦不平。

嘉瓜引蔓长，碧玉冰寒浆。东陵虽五色，不忍值牙香。

柳枝井上蟠，莲叶浦中干。锦鳞与绣羽，水陆有伤残。

画屏绣步障，物物自成双。如何湖上望，只是见鸳鸯。

　　柳枝听得入迷，过了很久才缓过神来。她从身后抱住李商隐，这个她年少时就爱着的男子。

　　"衣带无情有宽窄，春烟自碧秋霜白。"柳枝轻念着，这是她第一次读他的诗，那时她便不可救药地爱上了他。能写出如此诗句的男人，他的内心该有着怎样细腻的情感，有着怎样苍凉的独白？她爱这个男人，她觉得这个男人一定值得她去爱。

　　自李商隐在宴会上偶遇柳枝之后，闲暇时他就会去看她。当然他都是白天去见她，一是白天的时候没有人打扰他们；二是他不喜欢晚上去，他不愿意看见她迎来送往的媚笑，更不愿意看老妈子一脸鄙视他的表情。势利的老妈子见不得他整天霸占她的头牌姑娘，她总以为他这个落魄的书生是来这里占便宜的。李商隐不愿意解释，他只想看看柳枝。能陪陪她说说话，能看着她笑一笑，他便觉得心里安稳了一些。

　　每次从柳枝那里回来，李商隐都会想起宋华阳。他对宋华阳的思念与日俱增，他心里很清楚，华阳在他心目中的地位是无人可以替代的。他独处的时候常常在想，柳枝与华阳，他到底爱的是谁？

　　人都是多情的，不同的是有一类人的多情是对某一个人的痴恋，专一而情深；而另外一类人，是对多个人表现出深情。而李商隐，他既对宋华阳痴痴地迷恋，而又对柳枝情深义重。

　　李商隐经常去永安坊的事情被令狐楚所知，在李商隐讲完他和柳枝的故事之后，令狐楚大为动容。他决定帮柳枝赎身以成全李商隐的爱情，可是李商隐婉言拒绝了。他是一个落魄的书生，根本没有能力带给柳枝稳定的生活。虽然青楼里苦楚，但总比跟着现在的他要强一些。于是令狐楚也不勉强，他明白李商隐的性子，更理解他骨子的骄傲。所以也不干涉他成天往永安坊里跑，只要不误事，一切便随他去了。

开成元年，令狐楚管辖的地区也有小小的暴乱，皆是因饥饿而闹事的百姓。李商隐随令狐楚在外奔波的时间多了起来，去看望柳枝的时间便少了很多。

"这次又要去哪里？"柳枝看着因奔波而有些消瘦的李商隐轻声问道，李商隐很少晚上来她这里。

"和恩师去山南西道的边界上去看一下，有消息说那边有大批饿死的灾民。"李商隐说这些话时，眼角有些微润。这段时间他跟着令狐楚四处奔走，看到的都是人间疾苦。他心痛，心痛得难以呼吸。他想为他们做点什么，可是他只是一个小小的掌设。无权无势，无能为力。

柳枝沉默不语，这种事情她亲身经历过。无家可归的日子里，她也差点饿死街头。若不是永安坊收留了她，怕此时的她已被黄土掩埋。

有丫环把酒菜端进了房间，柳枝劝他多吃一点："这些日子很辛苦吧，你整个人都瘦了。"

李商隐摇了摇头，说他只是过来看一下。看到她一切安好，他便放心了。他得马上赶路，外面的同僚在等着他一起赶往边界。

李商隐随着令狐楚在外奔波，留在兴元的日子越来越少。但每次回来，他都会抽出时间到柳枝那里坐一坐。柳枝对他的一往情深令他感到惭愧，虽然他爱着她，但他的心里还装着另一个女人。

李商隐写给柳枝的诗渐渐被人传诵，有人因此感动得落泪。她爱得那么辛苦，他们一定要幸福。也有人不屑一顾，说真正的爱情要专一，怎么可能心里同时装着两个女人？柳枝自然知道李商隐和宋华阳的事情，可是她从来都不会在李商隐面前提及。她觉得此时此刻，有心爱的人陪在身边，还有什么不知足，还有什么可埋怨的呢？

兴元在令狐楚的治理整顿下，渐渐地安定下来。在后半年里，几乎没有什么暴民闹事，也不再听说街头有饿死的难民了。这让辛苦了大半年整日跟着令狐楚到处跑的李商隐也颇为满意。他的辛苦能换来一方百姓的安宁，他总算无愧于父亲，无愧于己心了。

雪花飘零，年关将至，兴元的大街小巷渐渐有了热闹的气息。到了年底，人们开始张罗着添点新衣，置办点年货。李商隐陪着令狐楚走在街上，看着眼前的一切，觉得自己的辛苦算是没有白费。

令狐楚让李商隐给儿子去封信，说春节想要一家人在兴元团聚。自己年岁大了，身子骨经不起太多的奔波。李商隐乐呵呵地写好信，并差人快马加鞭地送去长安。

待令狐绹赶到兴元的时候已经是大年三十，与令狐绹一起来的，还有朝中的礼部侍郎高锴。高锴与令狐绹向来交情甚好，他的到来让令狐楚大悦，便吩咐了府里的乐伎和舞伎在酒宴上助兴。

令狐楚高坐在主位上，右侧是高锴和令狐绹，左侧是李商隐和几个地方官吏。酒过三巡，主客皆没有了最初的拘谨。高锴望着李高隐说道："因为一首《有感二首》名满京师，一首《重有感》赢得美名的才子李商隐，没想到今日能在这里遇见你，高某实在荣幸。"

李商隐连忙起身还礼："哪里哪里，都是一时气愤之作，高大人见笑了。"

高锴微微摇头，说道："众人皆知李商隐是令狐大人最得意的弟子，你也无须客气了。"

尚未等李商隐答话，令狐楚便哈哈大笑起来："众人皆知李商隐是才子，那么由才子当场作诗助兴，如何？”

有了令狐楚的提议，众人便跟着起哄。李商隐不好推托，只好端着酒杯踱到宴会中央。目光扫视过在座的宾客，见个个都是醉意朦胧，顿时有了思绪：

寻芳不觉醉流霞，倚树沉眠日已斜。

客散酒醒深夜后，更持红烛赏残花。

“果真是才思敏捷，信手拈来啊！”高锴第一个发出赞叹。

“客气，客气。”李商隐听了高锴的称赞，连忙作揖还礼。

“李贤弟的诗一向都是晦涩难懂，虚虚实实，今儿这首看似浅显得很啊？”令狐绹望向李商隐，目光中全是调侃。

“这就是给大家喝酒助兴的，见笑了。”李商隐笑着说道。

“‘更持红烛赏残花’，这句好，只是为什么是‘残花’而不是‘落花’呢？还是有些伤感的味道。”令狐楚问道。

“酒席散去，客人踏径而归。即便是刚刚飘落的花瓣，怕也是变成了残骸，所以用了‘残花’。”李商隐解释道。

“用词真是精准，佩服！”高锴冲着李商隐举起酒杯，点头示意后，一饮而尽。

李商隐连忙同饮，这一场诗文下来，他又喝了不少。

“义山啊，我打算过了年在这里给你安排一个合适的官职，让你一展所长，安心地住下来吧。”令狐楚挥挥手撤下了助兴的歌舞，认真地对李商隐说道。

李商隐思索了一下，起身向令狐楚深鞠一躬，说道：“弟子这段时间跟着恩师四处奔走，亲眼见恩师治理有方，造福百姓，这让义山感觉到深深的愧疚。家父的遗愿义山尚未完成，怎能就此安闲一世？义山谢恩师的着力栽培，可是弟子有自己的打算。”李商隐双手作揖，回绝了令狐楚的好意。

"哦？什么打算？"令狐楚问道。

"继续参加明年的科考。"李商隐说得平静，但内心却难以平静。太多次的失利，让他自己都感到茫然，再考又将会是什么样的结局呢？

令狐绹和高锴对望了一眼，刚想说话，却被令狐楚打断："既然你已经决定了，就去做吧。待过完年，你和绹儿、高大人他们一同赶往长安吧。"

永安坊里，李商隐坐在柳枝的对面。他有很多话想对她说，可是此时却都堵在心里，一句话也讲不出。柳枝温柔地看着李商隐，十几年过去了，他也变了很多，岁月的磨难把曾经年少激昂的少年打磨得安静内敛。那平静的面孔上，已经有了沧桑的痕迹。

"你这一去，要多久才能回来？"柳枝美丽的双眸写满了心中的留恋。

"应该很快的。"李商隐疼惜地搂过柳枝，握住她纤细的手指，柔声地说，"看你瘦的，真如那摇摆的柳枝了。风一大，便会把你刮走了。"

"怎么会呢？"柳枝呵呵地笑了起来，"有你在，再大的风都吹不走我的。"

"嗯，你一定要照顾好自己。看你的脸色，这么苍白，都快瘦成一把骨头了。"

"好不容易再次遇见你，我怎么舍得再与你分开？我会照顾好自己的，等你回来，带我离开。"柳枝将头靠在李商隐的胸口，这是她最喜欢的动作。靠在那里，她能听到他有力的心跳声，她觉得很幸福。

"等我高中之后，我一定会回来带你离开这里的。这一次我绝不食言，我要给你幸福，让你快乐。"李商隐低头附在柳枝的耳畔，呢

此情可待成追忆

喃耳语，惹得柳枝脸颊立刻绯红一片。

"我等你回来。"

转眼之间过了年，李商隐辞别令狐楚，便与令狐绹、高锴同行赶往长安。三人皆策马而行，将女眷的车队远远地甩在后面。

傍晚时分，一行人等已经踏出了兴元地界。令狐绹骑着高头大马跑在最前面，高锴和李商隐紧随其后。在转过一座土山后，眼前是辽阔的平原。令狐绹勒马而立，此时夕阳的余晖笼罩在整个天地间。目极之处，全部都是昏黄一片。令狐绹用马鞭指着远处的一座城池问道："二位可知那是哪里？"

高锴将手搭在眼前，遥望令狐绹所指的地方，那遥远处隐约可见一座孤城。独立于天地之间，尽显苍凉。

"那可是马嵬？"高锴问道。

令狐绹点了点头："是马嵬，城池后面的那个城，便是马嵬城了。"

"晋朝太元，曾有一个叫'马嵬'的地方武官司在这里建城防盗，固守疆土。后世人为了纪念他，就用他的名字来命名此城。而今世人熟知马嵬这个地名，却是因为杨贵妃惨死在这里。真不知道该替马嵬感到荣幸，还是感到悲哀。"李商隐望着荒凉的马嵬城，一脸沉重。

"当然是荣幸了，"令狐绹接过话来，"众人皆知杨贵妃，而后知马嵬坡。这马嵬地下有知，应该好好拜谢杨贵妃呢。"

三人骑马踏入城中，此时的马嵬城中屋舍坍塌，路面上杂草丛生。有风吹过，卷着裸露在外面的黄土，扬起一阵尘埃，迷得众人睁不开眼睛。

"真想不到，曾经富贵一时的杨贵妃，竟会死在这种地方。"李商隐幽黑的眸子闪现一丝凄怆之色。

"那也是她咎由自取，'春宵苦短日高起，从此君王不早朝。'若不是她霸占着皇帝不理朝政，怎么可能落得这个下场？"令狐绹的语气有些不屑。

"'后宫佳丽三千人，三千宠爱于一身。''姊妹弟兄皆列土，可怜光彩生门户。遂令天下父母心，不重生男重生女。'杨贵妃这一生，也该足矣。"高锴坐在马上，目光疏远而悠长。

"有何可知足的呢？"李商隐不禁反问道，"我想再豪华的宫殿，再多的花钿、翠翘和金步摇，都不会是她最喜欢的。作为一个女子，能够得到夫君的疼爱，能够给心爱的人跳《霓裳羽衣舞》，才是她觉得幸福的事吧。"

"贤弟此言差矣，问世间哪个女子不爱荣华富贵？'一骑红尘妃子笑，无人知是荔枝来。'这等的荣耀可不是每个女子都有的，却是每个女子都会奢望的，她杨贵妃还有何不知足？"令狐绹不解，问道。

"再多的荣耀又如何呢？'昭阳殿里恩爱绝，蓬莱宫中日月长。回头下望人寰处，不见长安见尘雾。'如果真的宠爱她，又怎么能忍心看着她一个人坐在蓬莱宫里孤独地望着人间呢？"李商隐辩解道。

"那不过是白老的臆想，又怎么能当真呢？"令狐绹未怒反笑。

"我倒是宁愿相信'七月七日长生殿，夜半无人私语时。'如果真的爱过，谁不愿意'在天愿作比翼鸟，在地愿为连理枝。'"李商隐仰天长叹，"只能怪命运将她嫁入帝王家，于是便'天长地久有时尽，此恨绵绵无绝期。'一个女子有何错？要背负整个王朝的命运兴衰？你不觉得这样对她，太过残忍吗？"

"人言常道'才子多情'，义山兄弟真正是名副其实啊！"高锴怕这二人激辩起来，连忙笑着打起圆场。

"我不是多情，我只是见过'玉容寂寞泪阑干，梨花一枝春带雨'是何等模样。一个君王，万人之上的皇帝，连自己最心爱的女人都保护不了，他还有何颜面说'悠悠生死别经年，魂魄不曾来入梦。'我若是那杨贵妃，纵使阴间相遇，我都不会理他。"李商隐眉头紧蹙，他想起了昔日在玉阳山，宋华阳依偎在他的肩头梨花带雨的模样。那时候，他在给她讲七夕古老而凄美的爱情故事。

"你这可是在指责明皇的不是？"令狐绹诧异，瞪大眼睛望着李商隐，这可是足够杀头的罪名。

"是又如何？"李商隐心底升起浓浓的悲伤来，他与华阳是遭人阻隔不能相聚，可是这一国之君呢？有着至高无上权力的帝王，竟然连自己的女人都保护不了，还谈什么天下苍生？李商隐苦笑着，感觉心被什么东西撞击着，阵阵痛楚袭来。

"话也不是这样说，'玄宗回马杨妃死，云雨难忘日月新。终是圣明天子事，景阳宫井又何人。'可见此事，也不能说全是冤情。"高锴一脸认真地说道。

"是吗？那我也留诗一首。"李商隐脸色漠然，凝视片刻，开口吟道：

马　嵬

> 海外徒闻更九州，他生未卜此生休。
> 空闻虎旅传宵柝，无复鸡人报晓筹。
> 此日六军同驻马，当时七夕笑牵牛。
> 如何四纪为天子，不及卢家有莫愁。

听说天下九州以外还有九个州，是什么样子尚不知晓，但此生休矣。只听见巡逻的士兵敲响宵柝的声音，却不能再享受安逸的宫廷生活了。那年七夕还讥笑牛郎织女一年方能见上一面，而今日所有的军队都停止不前，以要挟天子斩妃。你这四十年的天子是如何当的？还不及普通百姓，能保住家中的妻子。

那时你说，生死阔别一年多，怎么你的魂魄从不来梦中寻我？你悲情的思念感动着道士，他天上地下到处找寻，都不曾寻见。后来听说在海外有一座仙山，道士连忙过去寻找，他终于发现了贵妃。她独居仙山，还记着你们两个人在长生殿里生生世世的约定："在天愿作比翼鸟，在地愿为连理枝。"你听闻，泪流满面。你说来生，我们再做夫妻。

可是这些有什么用呢？来生是否能够相守又有谁能知道？而今生的结局，却是你一手造成的。本是陪你吃苦逃难的可心人儿，你却将她无情地缢死。到底是为了什么？为那驻马不前的六军吗？你就抛弃了她。亏你还嘲笑一年只见一次面的牛郎织女，而如今你却还不如他们呢。

现在你独自躺在床榻上听着虎旅传来的宵柝声，却没有人再陪你等待报晓的鸡鸣，于是你便又想起了她？

空荡荡的马嵬坡，香消玉殒后留下的是什么？你掩面不视，怎可见那金玉的首饰丢落一地，怎么可见她血与泪流淌一地？你的思念是多么的苍白无力。亏你还做了四十年的大唐皇帝，到头来连自己最心爱的女人都保护不了，还不如一个小户人家的莫愁女。

"义山老弟好文采，高某佩服，只是这诗……"高锴欲言又止，眼神飘向了令狐绹。

"只是这诗以后不可再念了，"令狐楚冷冷地望向李商隐，"这诗充满讥讽的味道，若是传了出去，你有几个脑袋都不够砍。"

高锴同意地点点头，却听见李商隐无所谓地开口："讥讽又如何？世间事，总是挡不住悠悠之口的。"

"你！总之我说不许念，就是不许再念。"令狐绹有些气恼，今日的李商隐是怎么了？这不像他平日里的作诗风格。嘲讽的诗他不是没有做过，可都是引经据典，晦涩难懂，让人难以捉摸。可这首，却是如此的明目张胆。

李商隐没有应声，驱马向前。他们都不懂，他有多么思念他的华阳。五年了，他没有一点关于她的消息。他曾写信去过玉阳山，可是音讯全无。他求人在皇宫中打探，也没有任何结果。甚至他都托付来往吐蕃的商旅帮助寻找，也都是一无所获。天地苍茫，他要如何才能找到她啊？

李商隐一路上都显得郁郁寡欢，不怎么说话。令狐绹也不在意，自顾着与高锴东拉西扯。高锴几次想叫李商隐说会儿话，但都被令狐绹制止。他那样也是为了李商隐好，京城人多口杂，他的诗，还是少念两次的好。能避免的麻烦就尽量避免，李商隐怎么可能不知道他的用心呢？令狐绹了解李商隐，李商隐坚隐且好强，却也忧郁。而那忧郁是从骨子里散发出来的，抑制不住，只能由着它去。等那情绪过了，一切还是和从前一样。

车子渐渐驶入长安，最终停在了令狐府前。女眷们下车进了府，就剩下一堆家仆里外地倒腾车上的行李物品。高锴在府前和令狐绹告别后便回家去了，李商隐被安排在后院一间安静的客房里，再有一个月的时间就要参加科考了。

第三章　刘郎已恨蓬山远，更隔蓬山一万重

一　芳桂当年各一枝

文宗开成二年（公元837年）二月。

时间匆匆，转眼科考已至。二月的长安还透着寒气，可是从四面八方涌至京师的考生们，高涨的情绪早已将冰冷融化。李商隐一大早便起床，洗漱整齐，便到前厅与令狐绹一起用早膳。

"义山贤弟，为兄今日祝你马到成功，旗开得胜，一举中第。"令狐绹看起来满面春风，高举着酒杯望向李商隐。

这祝福的酒岂能不喝？李商隐端起酒杯："托令狐兄吉言，只是考了这么多次未果，谁知道这次下来又是什么样的结果呢？"

"哈哈，这么不自信的话可不像出自李商隐的口中。"令狐绹调侃着李商隐，"这么多次不中，那这回轮也该轮到你了吧。"

李商隐尴尬地笑笑，干掉了杯中酒。他的眼中再次闪现出希冀的光芒，如同他第一次参加科考时一样。他想令狐绹说得对，就算轮也该轮到自己了。

望着李商隐的背影，令狐绹会心地笑了。

令李商隐没有想到的是，今年的知贡举竟然是礼部侍郎高锴，这让他提着的心稍微放下一些。高锴的为人他还是有所了解的，便放下心来等待试题。

今年的试题是《霓裳羽衣曲诗》和《琴瑟合奏赋》，李商隐望着试卷沉思片刻，便刷刷下笔。还没等日沉西山，李商隐便答完了考卷。再三审核无误，便交卷离场。他匆匆赶回令狐府，欲托令狐绹这几日上朝多打探消息，以便尽早知道考试的结果。

令狐绹见李商隐回来，抬头望望天色，时辰还尚早，忙问："贤弟这么早回来，可是科考遇到什么问题？"

李商隐端起桌上的茶杯，呷下大口茶水，方才开口："令狐兄可知今年的知贡举是谁？"

"嗯，我今日上朝时听见同僚议论，是高锴。"令狐绹说道。

"是高大人。"李商隐掩饰不住自己的兴奋，"高大人官声一向很好，所以有他在，我便安心很多。"

"那试题答得如何？"令狐绹问道。

"试题我认真分析过，答得很仔细。即便不中前三甲，及第应该不成问题。"李商隐一脸的笑意，连语调都显得轻快不少。

"如此便好。"令狐绹笑眯着双眼说道。

"我还想托令狐兄一件事情。请令狐兄在朝堂之上多打听些科考的事情，"李商隐不太好意思地笑了笑，"我有些迫不及待了。"

"这个自然。"令狐绹点头应允，一丝得意隐藏得不露痕迹。

翌日上朝，唐文宗在宦官刘克明的搀扶下踏上金銮宝殿。待文武百官行过叩拜之礼后，方才沉声问道："礼部侍郎何在？"

高锴闻言慌忙站出队列："臣在。"

"今年的科试结果如何啊？"文宗高高在上，声音深沉而温和。

"启禀皇上，臣昨日与另外几位考官连夜批阅试卷，终阅出结果，"高锴挺了挺身子，继续朗声道，"臣等已选定五个人的诗文，其中以李肱的试卷最为精彩。"说罢，从怀中掏出一叠试卷呈于皇上阅览。

文宗皇帝翻阅着手中的诗文，脸上没有任何表情。这让高锴猜不出皇上的心思，心中不免有点忐忑。

"这李肱可是大唐宗枝，你可有公平取舍？"文宗皇帝眉头轻锁，一脸质疑地望向高锴。

高锴惶恐，连忙答道："今年诗赋题目，出自宸衷。体格雅丽，意思遐远……其今年试诗赋，比于去年，又胜数筹。臣日夜考较，敢不推公。李肱《霓裳羽衣曲诗》云：'开元太平日，万国贺丰岁。梨园厌旧曲，玉座流新制。观管递参差，霞衣竞摇曳。宴罢水殿空，辇余香草细。蓬壶事已久，仙乐功无替。谁肯听遗音，圣明知善继。'此诗最为迥出，更无其比。词韵既好，去就又全，臣前后吟咏近三五十遍，虽使何逊复生，亦不能过……其次沈共中《琴瑟合奏赋》，又似《文选》中《雪月赋》体格。略逊李肱一筹，故臣推荐李肱为榜元及第，沈黄中次之。考生张棠的诗文也较为出众，臣荐其为第三名。另王收、柳裳、李商隐、韩瞻、独孤云、韦潘、郑宪、郭植、李定言、郑茂湛、曹确、杨鸿、杨戴和吴当等三十七人进士及第……其诗赋总为一卷，臣均已呈给皇上御览。"

令狐绹在一旁听得真切，寻思李商隐竟然没进前三甲，有点不大高兴。不过转念一想，李商隐中得进士，高锴也定是没少尽力，心下便也释然了。

唐文宗将手中的四十张试卷逐一过目，见高锴说得也没有错，便将手中诗文传发给文武百官阅看。见众人都没有任何异议，唐文宗亲持朱砂笔，圈点了前三甲。

令狐绹下了早朝径直回到自己的府中，他要将这个好消息第一时间告诉李商隐。令狐绹的黑骢马还未到家门口，便看到李商隐伫立在台阶上不断张望。见令狐绹回来，马还未立稳，李商隐便迎了上去：

"令狐兄，如何？"

令狐绹看着一脸急切的李商隐，顿时起了捉弄之心。脸色装作阴沉，翻身下马。话也不回地往府里走，留下李商隐莫名其妙地站在那里。

"唉，令狐兄，您倒是说句话啊？"李商隐反应过来，连忙追进去。

"还有何话说呢？"令狐绹停下脚步，回头目光凝重地望着李商隐，"我早就知道会是这样的结局，啥也别说了。走吧，喝酒去。"令狐绹语气沉沉，一边说一边揽着李商隐的肩膀往里走。

李商隐迷糊了，这喝的是什么酒啊？是失意的酒还是得意的酒？"这样的结局"是什么样的结局？莫不是又像往年一样落第了？李商隐看着令狐绹阴霾的神色，猜想着自己分析的没错。李商隐呆呆地站在院中，一动不动。

原来又失败了，李商隐的心中泛起无尽的悲伤。泪水直直地涌向眼眶，被他硬生生地忍住了。人生不过是又多了一次失败，没有什么大不了的。李商隐安慰着自己，却依然阻止不住悲伤翻腾。

"你还傻站着干吗？走啊，我们喝酒庆祝一下去。"令狐绹看着李商隐的模样，终于忍俊不禁，笑出声来。

"你说，庆祝？"李商隐飘忽的思绪似乎捕捉到了重要信息，他愣愣地扭过头来，疑惑地问着令狐绹。

"是啊，当然是庆祝，要不然你以为是什么？"令狐绹一脸顽皮地看着李商隐。

我没听错吧？李商隐一遍遍地问着自己的心。

"你若不走，这酒宴便只有我一个人吃啦。"令狐绹突然觉得自己是不是有点闹过了。李商隐这么多年的科考每次都是失败，心中怨念极深。而如今终于如愿以偿，他还这般戏弄于他，确实有点过分了。于是令狐绹折回身来，拉起李商隐的手，认真地说道："庆祝你科考进士及第。"

"我真的中了？"李商隐的脑子一时间又接受不了令狐绹突然的转变。

"嗯。"令狐绹郑重地点点头，"所以今天我们要一醉方休，以示庆贺。"

没有邀请任何好友，令狐绹与李商隐二人就坐在府中的亭子里。一壶酒，几碟菜，慢慢地喝了起来。

没有太多的客套，没有太多的说辞，两个人一杯接着一杯地喝了起来。令狐绹笑问着李商隐："我们有多久没有这样坐在一起喝酒了？"

"有几年了吧，自从你科考及第被任校通过释褐试，授弘文馆校书郎之后，我们便很少有时间能坐在一起喝酒了。"李商隐端着酒杯慢慢地回忆，踏上仕途之后，令狐绹就像变了一个人。他开始有自己的交际圈子，应酬自己的人脉关系，他们已经很久没有像少年时期那样无话不谈了。

"是啊，好像是从那以后，我在官场奔劳，你在世间游走，我们兄弟二人便很少有机会把酒畅谈了。"令狐绹思之往昔，也是无尽感慨。

"令狐兄这些年仕途顺畅，结识了不少朝中的高官，却哪像我这般事事难如意呢？"李商隐边说边干尽杯中酒。

"其实这话说来，也是怪你。"令狐绹接过话茬，"是你自己性格太倔强，哪有考生不向主考官干谒行卷的？都是你恃才傲物，不肯屈腰行礼罢了。"令狐绹喝得有点微醉，将陈芝麻烂谷子的事都翻了出来。

"干谒行卷，呵呵，干谒行卷就能行出进士吗？"李商隐眯缝着眼睛，本不胜酒力的他，此时也已经喝了不少。

"怎么会不行？"令狐绹打断他的话，"我要是跟你说，你怕是都不会相信。大和五年，我通过释褐试。当时有很多人认为是我父亲暗中帮我，甚至有传闻说我父亲花重金暗中买通考官，其实这些都是没影儿的事。我能通过，那是我整日在主考官那干谒行卷的结果。没有人会相信，怕是连你都不会相信吧。"令狐绹一脸无所谓的样子，"父亲不帮我，我不也一样通过殿试了吗？我令狐绹就是想证明，我的能力不是靠父亲得来的。"

李商隐呵呵地笑着："令狐兄的能力我怎么会不相信呢？"说罢端起酒杯，示意了一下令狐绹，一饮而尽。

"后来你每次落第，父亲都很伤心。父亲说不是你的才华不够，只是你有时太过清高。身在官场，很多事情都是不能独善其身的。不管你愿意不愿意，有些事情你必须去做。比如科考之事，你不拜知举，不干谒行卷，主考官怎么会认得你？像李白、杜甫和白居易这些才华且名声俱佳的人，哪一个没干谒行卷过？"令狐绹喝得有点多了，话也多了起来。

"或许是吧，只是我真的不愿意这样做。我始终相信有才华的人终究会崭露头角，一展抱负的。你看这次，高锴大人不就是秉公取舍？只是朝廷像高大人这样的官吏不多了。但这也给了我希望，等我拜官之后，一定要抗衡强权，为百姓解忧。"李隐商说得很自信，目光闪闪，泛着光芒。

令狐绹看着李商隐的模样，到嘴边的话又咽了回去。"那就预祝贤弟仕途顺利吧。"令狐绹说道。

尽管昨日的酒喝了不少，但李商隐还是一大早便起来了。揉了揉发疼的太阳穴，李商隐赶紧穿好衣服，直奔皇宫东门的榜单处。今天一大早，皇上就会命人把科考的结果张贴出来。虽说令狐绹昨日已经告诉他中了进士，但他还是想亲眼看一看榜单上自己的名字。

这时候天刚刚破晓，但大街上已经涌出很多人来，多是参加科考的考生吧。大家都是同样的心情，去查看自己今年的运气。

"我中了！我中了！"有人这样叫喊着，吸引了他人或是羡慕或是嫉妒的目光。而大多数的考生们都是望天长叹："又落第了。"

虽然他知道自己的名字会出现在榜单上，可是当目光一行一行地移动到自己名字上的时候，李商隐的心里还是激动不已。多年的心愿啊，今朝终于实现，李商隐的心情除了激动还是激动。

"李商隐，李商隐。"李商隐的嘴里反复吟念着自己的名字，感觉跟做梦一般。他回想起自己这么多年科考路途的艰辛，不觉眼泛泪光。八年的时光啊，每次落第，他的心都自责得难以复加。自己寒窗苦读，寄人篱下。吃了多少苦，受了多少委屈，今日终于如愿以偿了。李商隐笑着抹掉了泪水，侧过头，竟发现旁边一个年轻的男子正盯着他看。

李商隐有些不好意思地眨眨眼睛。那人见李商隐看到了他，连忙躬身施礼："兄台可是怀州李商隐？"

李商隐木讷地点点头。

那人见状一脸兴奋，连忙说道："在下韩瞻韩畏之，李兄的大名小弟早有耳闻。今年我们能一起提名进士，真是荣幸荣幸。"

李商隐望着那人一脸的客气模样，赶紧回礼："韩兄客气，李某不才，让韩兄见笑了。"

"哪里哪里。李兄的诗文名满天下，《有感二首》和《重有感》小弟有幸拜读过。李兄能直指朝廷不平事，这勇气确实让小弟佩服。而你的才华，更是让小弟叹为观止。"韩瞻语气很诚恳，这不免让李商隐有了小小的得意。

"都是李某的不才之作，让韩兄笑话了。"李商隐笑了，暗思这韩瞻还真有趣，第一次和人家见面，竟拿两首朝廷避讳的诗来说事。

韩瞻也不介意李商隐的态度，依旧想说些什么，可是瞥见不远处一辆马车的车帘在晃动。韩瞻只好作揖道："畏之今日能见到李才子非常开心，怎奈小弟因为科考已在长安城内逗留了太多时间了。如今既已知结果，小弟得赶回家了。"韩瞻说得很恳切，回头望着那辆豪华的马车，遂又说道，"家眷在那边催着赶路呢，韩某只能先行一步了。"

李商隐顺着目光，也瞥向了那辆马车，马车装饰得很精致。不只车身都缀满了流苏结，连套在辕驾里的两匹白马的脖子上都缀上了同色的流苏结。马身全无一点杂色，雪白得让人感觉到炫目，李商隐暗叹真是好马。

正想着，马车已经行到了身边，韩瞻冲着李商隐一抱拳："小弟仰慕李兄才气已久，只是今日尚有家事在身，不方便久留。若他日我们再聚，一定要痛饮三杯，不醉不归。"

"一定一定！"李商隐笑着作揖，目送着韩瞻上了马车。待马车从李商隐身边经过的时候，李商隐隐约听到一个娇柔的声音说道："原来他就是才子李商隐。"

李商隐想看一看车中说话的女子，可是车帘遮得严实。李商隐只从帘隙中瞥见一抹白纱，还有手腕处坠满铃铛的银镯。

告别了韩瞻，李商隐径自回到了令狐府，一进大门便看到令狐绹在院中练武。这么多年了，他的功夫始终没有丢弃。李商隐暗想着，连忙退站到一旁，生怕影响了令狐绹练武。片刻，见令狐绹收剑纳气，李商隐这才踏上前去，道："令狐兄的武艺是日益精湛了呢。"

令狐绹把剑递给了一边的家仆，呵呵地笑了："你这一大早，跑哪去了？"

"今日不是科考放榜嘛，我去东门看榜去了。"李商隐如实回答。

"哦？你不是已经知晓自己及第了吗？"令狐绹疑惑地看向李商隐。

"是。"李商隐点头道，"可是还是想亲眼看一看皇榜上自己的名字。这样心里才最为踏实。"

"哈哈，也是。"令狐绹大笑着，"走，还没用过早膳吧，我们一起去。"

早膳准备得还真是丰富，四碟八碗，米饭点心，一应俱有。李商隐暗想这可是比恩师在家时丰盛得多啊，恩师一辈子勤俭，如果不宴请宾朋，他总是两菜一汤凑合。令狐楚总是说，百姓现在疾苦，府中节省一点，就可以多帮一点城中的百姓。

"来，快坐啊。"令狐绹的话打断了李商隐的回忆，李商隐笑着坐下，便有家仆将盛好的粥饭端了上来。

"贤弟啊，现在你已经中了进士，接下来有何打算呢？"令狐绹咽下口中的食物，出声问道。

"嗯，现在朝廷的任命书还没下达，我想趁这段时间先回老家荥阳去一趟。也是好久没有回家了，一是看望一下母亲，二是把这个喜讯带给她。"李商隐说道。

"也不错。那打算什么时候动身呢？"

"这两日吧，耽误得太久，我怕朝廷的任命书下来，我就没时间赶回去了。"李商隐说道。

"那好，我一会命人给你准备马车，并带上一些礼物和银两一起回去。我不能去看望伯母，你就代我问声好吧。"

"这如何使得？问候我给你带到，可是银两什么的我就不能带了。"李商隐连连摆手，拒绝了令狐绹的好意。令狐家这些年不但待他有恩，而且每年都没少资助他的老家。如今他已中进士，如何还能再接受令狐家的馈赠呢。

"你我兄弟这么多年，你还客气什么呢？再说这是我带给伯母的一点心意，你拿着便是。"令狐绹看着李商隐，很清楚他的想法。

李商隐见状也不好再拂了令狐绹的美意，只好恭敬不如从命了。

次日一大早，管家张伯便遵照吩咐，把一些布匹、绸缎和行李等物件堆好放在马车上。并将一钱袋放入李商隐的手中，说道："大人一大早便去上早朝了，吩咐我把这些东西都交给李公子。嘱咐公子路上小心，早日回京师来。"

"请代我向令狐兄道谢，我自会早日回来，也望令狐兄保重身体。"李商隐手中握着钱袋，向管家张伯深施一礼，诚恳地说道。

"李公子放心，我一定传达。"管家张伯连忙扶住李商隐。虽然李商隐不是他家少爷，但这么多年来，老爷待李商隐如何，他这个做管家的全都看在眼里。老爷常说，李商隐是个有大智慧、大才华的人。只是性情太过耿直，不会迂回，才不免吃尽苦头，所以他也从心里心疼这个孩子。

李商隐拜别了管家张伯，便一个人驱车东行，赶往荥阳探亲。

又是一年春风过，新了柳枝，绿了芳草。李商隐驾着马车出了长安城。他想起了父亲死去的时候也是春天，那时阳光很灼目。然后随堂叔去汴州时也是一个春天，他第一次遇见了残酷战争下的白骨。而后在他人生失意的时候，也是一个春天，他遇见了白居易。如今又是这样一个春天，他终于如愿以偿，可以带着喜报返回家乡。一样的春风，一样的暖阳，一样的人，却是不一样的心情，不一样的感触。父亲死的那一年，他从一个顽童一夜间长大，用柔弱的肩膀担起家庭的重担；去汴州那一年，他信心满满，却是第一次面对人生的残酷。在他科考不断失意、情感无处寄托的时候，是白老给了他新的希望与信念，让他能继续坚持下去。此刻，十年的科考路，终于一朝及第。那种迟到了多年的喜悦，如今全部堆积在心头，让李商隐整张脸上都挂着笑意。

车子行至灞上，李商隐停下马车，欣赏四周的美景。有大朵大朵的花绽开，暗香不断随风侵入嗅觉，让人神清气爽。头顶上有雁过时扇动翅膀的声音，抬起头时，却早已是雁过中天，鱼沉江底了。岸边的秦树高大壮实，直耸云中。李商隐赞叹着景致的美丽，便又忍不住再次吟起诗来：

芳桂当年各一枝，行期未分压春期。

江鱼朔雁长相忆，秦树嵩云自不知。

下苑经过劳想象，东门送钱又差池。

灞陵柳色无离恨，莫枉长条赠所思。

离家乡越近，李商隐的心情就越发激动。自从堂叔过世后，他已经很久没有回过家了。李商隐自小生活贫苦，对家的牵挂是他心里解不开的结。想起上次看到母亲时，母亲的鬓角已经出现白发。弟弟羲叟也已经长大，代他承担着家庭的责任。妹妹更是出落得水灵，为母亲倒水端茶。李商隐急切地赶路，快马加鞭，他的心早就飞到了家。

二 落叶人何在，寒云路几层

车子尚未行至村口，李商隐便看到村口处人影晃动。待马车行得近了些，他才看清，原来是母亲和弟弟正在张望着他。李商隐慌忙下了车，奔跑着到了母亲面前。扑通一声跪下："叫母亲来接我，我怎么受得下？"

李氏颤抖着扶起李商隐，语气激动："我的儿终于中了进士，这是我们李家盼了多年的愿望，现在终于实现了。"李氏激动得落下泪来。

"自从朝廷的榜文颁发下来，母亲就天天站到村口等你回来。"羲叟搀扶着母亲，冲着哥哥解释着。

"是儿子不孝，让母亲如此操劳。"李商隐跪在母亲面前，深深自责。

"李家的人知道你中了进士，都高兴极了，就等你回来庆祝了。娘等了你几天都不见你影，估摸着你今天怎么也该到了。我已经让你妹妹在家做饭了，还有你堂弟宣岳在帮忙。我们快回家，他们见到你，一定很开心。"李氏一脸的开心，急切地扶起跪在地上的李商隐，口中的话说个不停。

李商隐回来了。整个李氏家族的人全都来了。家中唯一的猪被宰杀了，窖里自酿的酒也被搬了出来。大家围聚在李商隐的家中，大肆地庆贺着。

"我们李家，终于又有人入朝为官了，李家又可以重振门风了！"有老者在感叹。

"叔父，等我长大了也要博取功名。"有稚童扯着李商隐的衣角说道。

……

李商隐笑着，他看见大家欢喜的表情，看到母亲悄然落下的欣喜之泪，李商隐觉得自己终于没有辜负父亲多年的愿望。等到过段时间朝廷的任命通知下来，他一定要像父亲那样做个好官。要心系百姓，要报效朝廷。

等酒宴撤去后已是夜深，看着母亲和妹妹睡下，李商隐感觉没有困意，便走到院中透透气。见羲叟和岳宣正坐在院中闲聊，便走过去并排坐了下来。

"在讲些什么呢？"李商隐随口问道。

"哥，我和堂弟在讲李肱的《霓裳羽衣曲诗》，我觉得他的文笔并不如你。"李羲叟回过头来望向李商隐道。

"这是这次科考的试题，你们怎么会知道考生试题的内容呢？"李商隐诧异。

"是朝廷，朝廷在把榜文发下来的同时，也把中了进士的试卷抄了数份一同发下来，说是让各地的考生观摩与学习。"李宣岳见状连忙解释。

"是这样啊。"李商隐若有所思。

"嗯，我特意跑去看的。还仔细观读了几遍李肱的《霓裳羽衣曲诗》，他的文笔虽然很好，但我总觉得他的诗文太过中规中矩了，没有哥哥的文章读来让人有痛快的感觉，所以我觉得他稍逊一筹。"李羲叟看着李商隐，一句一句，极其认真地说道。

"这事不可乱讲。"李商隐连忙出声制止，"讲这种话，很容易落人把柄的。"李商隐瞪了一眼自己的弟弟，连忙喝令他别再说下去。

宣岳无视李商隐生气的模样，高声说道："怕什么，好就是好，不好就是不好。"

"文无第一，武无第二，或许考官大人就喜欢李肱写的那种风格呢。"李商隐找了一个冠冕堂皇的理由解释给他们听。

李宣岳一脸的不赞同："好就是好，不好就是不好，哪来的那么多说道？"

"我觉得还是我哥写得好。等再过几年，我也要去参加科考。我一定要像哥哥一样博取功名，到时候就会像哥哥今天一样荣耀！"羲叟抬头看着夜空上的星星，声音轻而坚定。

"我相信你能做到。"李商隐悠悠地说道。弟弟的才华也不比他逊色多少。刚才在房间里，他就发现了弟弟写的不少手稿。其文章率直犀利，颇有几分堂叔的影子。

宣岳和羲叟一句句地闲聊着，李商隐便不再插嘴，独自回到了房间。李商隐何尝不知道羲叟说得没有错，李肱的文章他也看过了。论才华李肱确实比不上他，可是高锴却说"词韵既好，去就又全"。李商隐想想就觉得奇怪，是因为李肱是皇上的宗亲？应该不是吧，自己不也是大唐的宗亲吗？回想着李肱的诗文，李商隐似乎想到了什么。李肱的诗文柔和优美，赞颂前皇。反观自己，诗文虽好，言辞却是一向的刁钻犀利。李商隐突然记起在马嵬坡时高锴欲言又止的神情。他没有想到这次的主考官会是高锴，那首"马嵬"他毫不留情地指责大唐帝王，这是这个时代的禁忌，而他偏偏不爱受缚于思想的禁锢。过去即是历史，历史便要有人评说。如果人人都畏于禁忌而只字不提，那么什么才是历史？只有歌功颂德，不能诉其罪行丑恶？李商隐想到了这一层，心中说不出是什么滋味。是该释然，还是该抱怨，抑或是沉默呢？

翌日，李商隐独自来到李家的祖坟前。在父亲的墓碑前屈膝跪下，悲伤难以抑制，哽咽道："父亲，义山终于博得功名。再过些日子，朝廷应该会下发任令书。义山一定会谨记父亲的教诲，心系百姓，不畏权贵，做个像父亲一样的好官。"李商隐深深地叩首，这是李家多年的愿望，他终于不负众望。

祭拜过父亲，李商隐又来到堂叔的墓碑前。这个如同父亲的堂叔，对他有父子之情，有教育之恩。李商隐盘坐在堂叔的墓碑前，回忆着幼时跟着堂叔学习诗文，长大后与堂叔去汴州寻找踏上仕途的机会。种种过往的经历，一幕一幕地呈现在眼前。如今虽然取得功名，但前途如何，依旧是很茫然。

转眼间已是六月，温暖的春天开始转入炎热的夏季。本来稀疏枝叶的杨柳，如今都是枝叶繁茂。有风吹过时，便会听到树叶哗啦啦的晃动声。知了受不了这么热的天气，便没完没了地叫着，让人莫名地多添一份烦躁。

而此时的朝廷大臣又是不断变动，李德裕由浙西观察使变为扬州大督府长史和淮南节度使；五十八岁的牛僧孺则由淮南节度使徒为东都留守。由此可见朝廷又一次看中裴度和李德裕，而牛僧孺得了个闲职。

李商隐从三月探亲回家后，便一直待在家中侍奉着母亲，照顾着弟妹。或与同村的秀才学子闲聚一起吟风咏月，日子过得很惬意。

这一日，李羲叟约了堂兄宣岳和哥哥一起去后山的寺院游玩，村子后面的路直接通往山林方向。这山并不怎么高，却树木茂盛。

经常有人上山砍些枯死的树木枝丫来当柴烧，所以这座山来往的人也不算稀少。寺院刚好隐在半山腰，整个寺院被树木的枝叶全部遮挡。若是从山下往上张望，根本寻不到寺院的影子，三个年轻人有说有笑，一边谈笑古今，一边吟念诗赋，好不快活。刚到山脚下，便看到有两个人在下棋，引着三五个闲散的人围观。三个年轻人也不禁停下脚步，立在一旁观棋。楚河汉界，将帅兵卒。置好棋子，便是一阵厮杀。硝烟过后，眼看胜负已分，站在一边的素袍僧人不断地摇头。当败家无棋可走时，僧人才叹声道："若你刚才不贪心，这局本应该是你赢的啊。"败者闻言很不服气，硬是要拉着僧人杀上一盘再说。僧人年纪看起来很大，眉毛和胡须都有些花白。但却目光精锐，神清气爽，模样颇有几分仙风道骨。僧人推说寺中还有事情要做，可是败者不依不饶，扯着僧人的衣角不放手，结果惹得大家哈哈大笑。

　　李商隐三个人笑罢便往山上走，山路虽窄却并不崎岖，早有人用锤斧凿出了台阶的模样。虽粗糙，但却是很实用。即便下过雨，这路也不会让人滑倒。三个人拾阶而上，一边笑谈着刚才的棋局，一边观赏着山林里的风景。偶尔有野兔窜出来，见到人影，又立刻逃跑。刚拐过弯，便见到一个樵夫慌张地往山下奔来。许是见到了人，樵夫身子不稳，一个趔趄撞进了李商隐的怀里。李商隐一惊，慌忙扶住樵夫问道："老哥，您这是怎么了？"

　　樵夫手抚着胸口，惊魂未定："我，我，我刚才看到老虎了。"

　　"啊？"三个人异口同声地惊讶。

　　"这山上怎么可能会有老虎呢？"李羲叟疑惑，"我在村里住了这么久，都从来没听起别人提过这山上有老虎。"

　　"是真的，刚才我在砍柴，便听到有'呜呜'的低吼声。我感觉不对劲，就提着斧头上前查看。我还看到两只绿色的眼睛在闪着光，吓得我柴都不敢收就往山下跑。"樵夫一脸的惊恐，长吁着气，似乎庆幸着总算是保住了这条命。

"这山又不高，怎么藏得住老虎？"宣岳也不禁怀疑道。

"唉，你们还不信！我可是亲眼所见。"樵夫瞪圆了眼睛，不理解地看着眼前的三个年轻人。

"我们信，我们信，那老哥你就早点回家休息吧。"李商隐按捺住笑意，劝解道。

樵夫点点头，松开扶着李商隐的手，便准备往山下走。可是刚走两步，就马上转过身来问道："怎么你们不下山？"

"我们要去寺院看看。"李商隐解释道。

"你们啊！我刚才就是在寺院后面不远处见到的老虎，你们还要上山！真是'明知山有虎，偏向虎山行'。"樵夫嗔怒着说道。

"老哥，没事的。就算有老虎，见到我们人多，也该吓跑啦。"李羲叟一张笑脸调皮地眨着眼睛。

樵夫无奈地摇摇头，嘴里嘟囔着，也不再理他们，自顾自地往山下去。李商隐三人笑笑也不介意，继续向山上走。

"哥，你信这山上有老虎吗？"李羲叟折断伸到路上来的细细树枝，上面的树叶翠绿，手指划过，还有早晨露水的湿润。

"我也不知道。"李商隐答道。思虑了一下，又继续说道："应该没有吧，老虎一般都是待在深山。这山并不高，而且人来人往。就算有虎，它也该藏起来了。"

三个人呵呵地笑着，不知不觉地来到了寺院门口，很奇怪寺院门的上端没有牌匾。寺门敞开着，能看见院中两个小僧在打扫寺院。院中有一个方鼎，香火也算旺盛。三个人踏进正门，立在方鼎前。虔诚地点燃三炷香，拜过之后，才引目四处观看。

方鼎正对着的是大雄宝殿，里面高大的佛像威严耸立，让人望而生畏。院中的正北方正燃着一个灶台，虽然盖着盖子，但锅灶的四周白气腾腾，而且有很重的草药味道飘过来，很显然里面熬的是汤药。

李商隐皱皱眉头，却听见李羲叟说道："这口锅灶，是寺里的宝林大师支起的，每天都会熬制些草药，用来救治有需要的人。"

"哦？"李商隐瞥向弟弟，一脸的不明白。

"有一年山下的很多村子都发生了疫病，很多人呕吐不止。那时候宝林大师刚当选寺里的住持，便命人支起灶台。然后自己上山去寻草药，回来细心熬制，终于救了村子里的很多人。后来村里的人便经常上山来拜谢，这样寺院的香火也越来越旺盛了起来。"李羲叟继续解释着。

"那宝林大师应该很受尊敬才是。"李商隐说道。

"嗯。村里的很多人都喝过宝林大师的草药，大家都说宝林大师是个好人，只可惜见过宝林大师的人并不多。听院里的小师父们说，宝林大师平时都是独居。采来的草药也只是吩咐大家熬好，再分发给生病的人。我来过这寺院几次，也都不曾遇见过宝林大师。"李羲叟说到这里，语气不免有些失落。

李商隐呵呵一笑，却突然看见院中的小侧门开了，闪出一个老虎头，顿时吓了一跳。刚要叫喊，却看到侧门全部打开，进来的是一个十几岁的小僧，两只手抱着一张完整的大老虎皮走了进来。李羲叟和宣岳也看到了，三个人突然受到惊吓，都差点喊出声来。扫地的小僧瞥见这场景，连忙冲着刚进来的小僧说道："小师弟，你吓到香客了。这是师父最喜欢的虎皮，让你拿出去晾晒。如果你不小心弄坏，看师父怎么罚你。"

小僧调皮地吐吐舌头，冲着李商隐三人弯腰算做施礼，便赶紧抱着虎皮跑进了殿内。李商隐三人惊魂安定之后，便又都哈哈地笑起来。扫地的两个小僧面面相觑，却也不明所以，便也不理睬他们。

"三位施主何事如此开心？"寺院门口处飘来一个洪亮的声音。

"师父！"两个扫地的小僧躬身施礼，单手作揖，异口同声地叫道。

李商隐三人连忙调转过目光望向院门口，声音来自一个素袍僧衣的老者。再看面容，原来竟是刚才在山下看棋时遇到，并被败者拉住不放的老僧。

"您就是宝林大师？"李羲叟第一个发出声音。

老僧笑着点头，脚步轻移到三人面前，语调轻快："现在可告诉老衲三位施主刚才是何故笑得如此开心了吧？"

李羲叟刚要解释，却被李商隐拦住了。李商隐忍住笑意，整理了一下心情，便出声说道："丹灶三年火，苍崖万岁藤。樵归说逢虎，棋罢正留僧。"

李商隐的话音刚落，老僧便也哈哈大笑起来："施主应该便是今年及第的考生李商隐吧？"

"正是。"李商隐不好意思地笑笑，"您是怎么知道的？"

102

"哈哈，这方圆几个村子的年轻学子我哪个不认识，只有你这刚回来的进士我还未曾见过。"老僧一边笑着一边向他们走过来。

李商隐慌忙施礼："是晚辈失礼了，只是刚才在路上遇到一樵哥说遇到老虎。现在看来都是大师的虎皮惹的祸，故才开怀一笑。"

"哈哈，"老僧爽朗地笑着，"定是我那徒儿顽皮，又在披着虎皮玩耍才吓到樵哥的，待我一会儿再罚他。"老僧捻着胡须，稍微沉思了一下，又继续说道："丹灶三年火，苍崖万岁藤。樵归说逢虎，棋罢正留僧，应该还有后句吧？"

李商隐点点头，略为低思，便开口道："星斗同秦分，人烟接汉陵。东流清渭苦，不尽照衰兴。"

宣岳将整首诗吟念了一遍，却不解地问道："这前两句我倒是明白，可是这后两句是什么意思呢？"

李商隐笑而不语，望着老僧的眼睛，又继续说道："此诗题名为'幽人'。"

"幽人。"老僧仔细咀嚼着李商隐所说的名字，顷刻间再次露出笑容："李义山不愧才子之名，哈哈，三位施主若不嫌弃，请到老衲的茅舍一坐。"

见三人都点头，老僧吩咐着徒弟送些茶水过来。便带着三人绕过正殿，拐过僧舍。弯弯转转地走了半里路，便看到一个孤立的茅草屋，四周用篱笆围起墙来。院中晾晒着各种草药，一进院中，便有淡淡的药香味道。整个院中最惹人注目的，应该是屋子东侧的一方花池。正值夏季，花池里的牡丹开得正旺。大朵大朵的，或红或白，或黄或紫。争香斗艳，唯恐落后。

老僧见众人的目光都落在牡丹上，脸上不禁露出得意之色："这些花儿都是老衲闲暇时侍弄的，三位施主看开得如何？"

众人一致称颂，但提及这花名时，李羲叟和宣岳都摇头了，表示对花没有研究。李商隐回忆着曾经在令狐府上见过的牡丹花。令狐楚特别中意牡丹花，经常拉着他一起赏花，那时令狐楚还让他以牡丹为题作过诗：

锦帏初卷卫夫人，绣被犹堆越鄂君。

垂手乱翻雕玉佩，招腰争舞郁金裙。

石家蜡烛何曾剪，荀令香炉可待熏。

我是梦中传彩笔，欲书花叶寄朝云。

令狐楚收藏的皆是牡丹中的极品，其名字也是极为动听，像"天香湛露"、"蓝蝶迎春"、"飞燕红装"、"琉璃冠珠"和"娇容三变"等。所以他的这首"牡丹"诗也写得极为华丽，甚至还在"我是梦中传彩笔"中引用了"江郎才尽"的典故，"欲书花叶寄朝云"中引用了"高唐神女朝云"的典故。而眼前的这些花，都是极为普通的花儿。

李商隐有点不好意思地开口："这些花，应该是牡丹中的普通种类吧。"

"你说得对，这山野乡间的，怎么可能有名贵的花种呢？"老僧不以为意，继续说着，"这些花儿都是老衲平时下山时采集的，虽说都是些普通的牡丹花，但牡丹本身就很娇贵，本以为在这山中无法生存，却不想也开得如此艳丽。"老僧言语之间，又是自豪，又是欣赏。

"花中之王定有其与众不同之处，不管是名贵的品种，还是普通的品种，花儿的雍雅高贵是不容忽视的。"李商隐说道。

老僧赞同地点头，却听见宣岳说道："'落尽残红始吐芳，佳名唤作百花王。竞夸天下无双艳，独立人间第一香。'赞的就是牡丹。"

"嗯，还有白老的'惆怅阶前红牡丹，晚来只有两枝残。明朝风起应吹尽，夜惜衰红把火看。'说的是惜牡丹。"李羲叟也接着说道。

"'一枝红艳露凝香，云雨巫山枉断肠。'李白的经典名句，那更是值得一提了，哈哈。"李商隐也接过话题，吟弄一番。

"还有王维的'绿艳闲且静，红衣浅复深。花心愁欲断，春色岂知心。'"

"还有'庭前芍药妖无格，池上芙蕖净少情。惟有牡丹真国色，开花时节动京城。'说的是赏牡丹。"

"哈哈，牡丹是好，但老衲的茶水也不错，三位还是坐下来边品茶边赏花吧。"老僧一脸和煦的笑容，枯瘦的手指伸出，招呼着大家过来喝茶。

四人围在院中的圆木桌边，有说有笑。待送茶的小僧将适度的热水冲进茶壶，立刻有一股淡淡的清香溢出。

"几位施主兴致这么浓，为何不趁兴学前人留诗赞颂？"老僧捋着胡子，笑眯眯地提议。

"这个我就不来了吧。"宣岳第一个摆手拒绝，"我是才疏学浅，脑子能记两篇经典文章就已经不错了，哪还敢学前人吟诗作赋啊，罢了罢了。"宣岳窘迫的样子立刻惹得大家大笑。

"我的学问远不及哥哥，还是让哥哥写诗一首吧。"李羲叟谦虚地说道，眼睛一下子看着哥哥，又一下子瞟向老僧。

李商隐闻言脸色微红，目光望向老僧。见老僧正冲他微微地点头，便也不好拒绝。遂站起身来，踱步到花前。恰有风吹过，暗香涌动：

> 薄叶风才倚，枝轻雾不胜。开先如避客，色浅为依僧。
> 粉壁正荡水，缃帏初卷灯。倾城唯待笑，要裂几多缯。

李商隐信手拈来，轻轻吟诵。

"果然不负才子之名，人言道李商隐才思敏捷，诗风幽咽迷离，余味无穷，今日一见果不其然。"老僧含笑的双眼越发的明亮，透着欣喜。

李商隐含蓄地笑笑，连忙双手合揖施礼，以示谦卑。

李商隐的态度让这老僧愈加赏识，老僧站起来走到李商隐的面前，拉起李商隐的手，说道："老衲平生最喜欢结交才华之士，以后闲来无事，可以到老衲这僻静的草屋坐坐，尝尝我寺里的素馅点心，再泡上一壶清茶。谈古论今，也不失风雅。"

"晚辈荣幸，大师心系众生。多年来采药煎熬，救济一方百姓，这才是让晚辈钦佩之处。"李商隐说得恳切，让老僧开怀一笑。

"既是如此，老衲盼你多来几次。"

众人哈哈地笑着，少了刚来时的拘谨。一杯茶，一首诗，一说古，一论今。时间便也过得飞快，眼看太阳倚向西山，李商隐等人也准备下山了。老僧意犹未尽，分别前一再叮咛李商隐下次再来，并亲自包了两包解暑的草药让李商隐带回去。

李商隐感动不已，连连应是。他就是这样一个人，只要对他好的人，他便心生感激并铭记于心。

知了倚在树上经过歇斯底里的鸣叫之后，终于渐渐停息。翠绿的枝叶在不知不觉间也染上了淡淡的金黄，有阵阵清风吹过，便飘飘欲落。

李商隐昨夜与弟弟羲叟讨论诗书，谁知道辩得激烈，直到天边泛白，才知道已是一夜未眠。李母已经起床，看着两个儿子疲惫的模样，心疼不已。连忙叮嘱着快些休息，自己便张罗着做早饭。李商隐应承着母亲的话，看着弟弟已经倒在床上睡了过去，便无奈地笑笑，简单地收拾了摊在桌子上的诗书。李商隐也褪去外衣，倒在了床上。困意爬上心头，双眼愈加沉重，便也一下子睡了过去。

迷蒙之间，李商隐看到柳枝推门走了进来。还是那袭浅黄色的衣裙，绾着双鬟，额间依然是精致的落梅妆。

李商隐一下子坐了起来，望着柳枝，不解地问道："柳枝，你怎么来了？"

"你走了这么久，我日日盼你，终于听到你高中的消息，我真替你高兴。以为你很快就会来找我，可谁知道，从春入夏，从夏转秋，你却始终没有来。"柳枝说得凄切，让李商隐心中疼痛，一把将她搂入怀中。

"不是的，我是想先回家看看母亲，我在外漂泊太久，都未尽过孝道。而且我也是想等到朝廷的任令下来，再去找你的。"怀中的柳枝纤细了很多，这让李商隐一阵愧疚。

"我理解。"柳枝望向李商隐的眼睛明亮多情，"所以我不是来看你了吗？"

"你知道吗？你走的时候说一定会来见我，我便日夜等候你的消息。我相信你一定会来的，一定不会再次丢下我不管的。"柳枝低低地诉说，落在李商隐的耳朵里，每一句都让他深深自责。

"我不会丢下你不管的，柳枝，你对我的深情厚谊，是我今生所拥有的最大幸福。"李商隐紧紧抓着柳枝的手，望向她的眼神写满疼惜。

"我经常做着同一个梦，梦见你远行与我告别。我舍不得你，一次次地呼唤你，便在梦中哭醒。那时的天总是漆黑的一片，我望向夜空，感觉到你离我是那么遥远。"柳枝幽幽地说道，她的神情有着一丝哀怨，一丝落寞。

"都是我不好，是我让你等得太久。"李商隐心底一阵绞痛，这个女子，他负了她太多。

"睡不着的时候，我便会给你写信。一封又一封，全部都是我的思念。"柳枝的手指抚过李商隐的眉头，眼中盛满深深的眷恋，"可是我却不知道如何才能寄给你，我无法让你知道我有多想你。"

"我知道，我都知道。"李商隐鼻尖酸楚，他将头深深埋在柳枝的怀里，他不愿意让她看见自己的泪水。他知道面对柳枝对他的爱，他回报的太少太少："柳枝，再等等我，我马上就会回去了。到时候我便带你离开永安坊，我一定会好好爱你，好好爱你。"

柳枝捧起李商隐的脸颊，这张让她深爱的面孔，不知在她的梦中出现过多少次。她爱他的才气，从她第一次听到他的诗，她的心便属于他了。

"能听到你这么说，我便开心了。"柳枝的手指仔细地摩挲着李商隐的眉头，那幽深的眸子，早已不是她第一次见到时那么明亮。岁月的历练，改变了他太多东西。在他幽深眼眸的背后，她能感觉他对她复杂的爱情。柳枝柔软的嘴唇印在李商隐的眼睛上，她微笑，嘴角翘起的弧度很好看："我得走了，记住，我爱你，很爱很爱。"

柳枝站起身向门口走去，李商隐急忙起身要拉住柳枝，可是柳枝轻快的脚步已经到了门边。在迈出门槛的时候，柳枝回过头来，冲着李商隐回眸一笑。那笑容里，是说不清的情感，是依恋，是不舍，抑或是期待，是失望。

"柳枝！"李商隐大叫着，霍地睁开眼睛。发现自己躺在床上，紧闭的房门证明他刚才只是做了一个梦。

李商隐坐起身来，揉揉发疼的太阳穴。这个梦是如此清晰真切，让他的心情突然变得焦躁起来。与柳枝分开已经有大半年时间了，他及第之后没有去找她。不是他不想她，而是他觉得现在去也是无济于事。李商隐虽然中了进士，但还没有拿到朝廷的任令，还是一个一无所有的穷书生。他不能帮她脱离永安坊，他不能给她安稳的生活。李商隐想到这些，心底便是一片苍凉。老天对他太不公平，他所深爱的两个女人，一个音信皆无，找遍中原大漠都没有消息；另一个，虽然就在眼前，但是他还是没有能力给她幸福，给她想要的生活。李商隐重重地向后仰去，倒在床上。柳枝和宋华阳的脸，一遍一遍地交替出现。这是他爱的两个女人，他爱得真真切切，爱得痛不欲生，爱得欲罢不能，也爱得无能为力。

痛楚蔓延整颗心，李商隐忍着疼痛，在心中默默地发誓，他一定会让她们幸福。她们都是那样地爱他，爱得无欲无求，爱得奋不顾身，爱得艰难曲折。

自从那天梦到柳枝以后，李商隐的心头便多了一些沉重。他想去兴元看望柳枝，却又觉得应该再等一等。等到朝廷的任令，他就可以给柳枝一个惊喜。可是朝廷的任令迟迟不下来，这让李商隐有一股莫名的烦躁感觉。

秋风吹过，树枝上的叶子摇晃着飘向地面，只有几片不认命的叶子还顽强地立于枝头。

李商隐在漫长的等待中心情难以平静，但他又不能表露于面上，他不想让母亲担心。李商隐孤单的身影行向后山，他想去找宝林大师说说话。这些日子以来，他没少去宝林大师那里。他喜欢那静僻的草屋，喜欢晾晒在阳光下的草药散发的淡淡药香。还有大师透着玄机的话语，这一切都会让他想起在玉阳山时的生活。

李商隐踩着小路往寺院后面的小草屋走去，秋风将落叶吹撒一地，踩上去有细微的响声。在接近黄昏的时候，山风吹过有些许的寒意。李商隐走近草屋，曾经艳丽一时的牡丹花现在只有枯枝散立，那大朵大朵的牡丹花早被采摘下来晾晒。宝林大师说过，这牡丹花朵可以入茶和入药，也可以入食。李商隐立于院中，唤了大师的名字，却不见有人回应。于是上前轻敲门扉，门板随着敲门的力度吱呀一声开来。看不清里面的状况，李商隐便推开门迈步进来。

这是他第一次进宝林大师的房间，虽然这草屋已来过数次，但每次他都是坐在院中与大师谈心，还从未曾踏进屋中。

这屋中的摆设很是简单，一张床、一张方桌和四张木凳，桌子上是简单的茶具。李商隐伸手碰了碰茶壶，壶里的水还是温热的，看来大师是临时有什么事情出去了。他坐在桌边，提起茶壶给自己倒了杯茶水。白净的瓷杯里盛满浅绿色的茶水，有茶叶随着水流上下翻腾，却最终沉入了杯底。李商隐凝视着这一切，陷入了沉思。等了许久，不见大师回来，李商隐便想回去了，起身正好瞥见从窗棂缝隙间照射进来的阳光。在一条条的光线间，李商隐看到有细微的尘土在翻滚着。那平时肉眼不见的尘埃，此时衬着光线清晰地展现在眼前。李商隐伸出手指，想要抓住那些细小的尘埃。却发现手指划过光线，一无所获。

夕阳渐渐隐落，夜色慢慢拉开。李商隐打开房门走到了院中，山野多么寂静。这个时候，也只有寺院中的磬声阵阵传来。他倚着门边的青藤杖，看向遥远的夜空。那闪烁着的星光，似真似幻，美丽异常。

晚风吹来，扬起李商隐的发丝，在风中纠缠着。他并不为意，目光望向天空，深邃的眸子像天上的星星一样，闪着暗淡的光芒。没有人知道他在想什么，或许是什么都想了，或许是什么也没想。就这么安静地，安静地望着夜空。

不知过了多久，李商隐才感觉到有些凉意，便收回了神游的思绪。大师到现在未归，也许是被什么事情牵绊了吧：

> 残阳西入崦，茅屋访孤僧。
>
> 落叶人何在，寒云路几层。
>
> 独敲初夜磬，闲倚一枝藤。
>
> 世界微尘里，吾宁爱与憎。

残阳渐渐落入西山的时候，我便来到这茅屋里拜访你了。可是只见到落叶在飞舞，却不知道人去了哪里，寒云笼罩的山路变得曲折而幽深。我独坐在屋中等你，直到夜幕降临。寺院的磬声响起，却始终不见你归来。倚着青藤杖我仰望天空，似乎悟出了很多道理。在这大千世界里，万物皆是尘埃，我又何必苦苦纠缠爱恨情仇呢？

李商隐留下诗句，他想大师是可以看懂他的心意的。跟大师相处这么久，他是越发羡慕这恬静闲适的山野生活。只可惜他还有未完的心愿，肩上还有家人的期望。他做不到如大师一样归隐山野，过着与世无争、随心所欲的生活。李商隐苦笑了一下，这羡慕，也只能是羡慕了吧。

三 送公而归，一世蒿莲

李商隐久等不来朝廷的任令，多少有些心灰意冷，可是又有什么办法呢？李商隐只能一边准备着接下来的吏部释褐试；一边期望朝廷能早点对自己有所任命，也好了他一腔报国之志。

　　然而朝廷任令一直没有等来，李商隐却等到了另外一个人——令狐楚的老管家张伯。张伯风尘仆仆，面色苍白。一见到李商隐的面，水都来不及喝一口，便拉住他的手，声泪俱下地说道："义山啊，老爷他，他快不行了。"

　　李商隐一下子懵掉了，这突如其来的打击让他无法接受。待张伯诉说着令狐楚近几个月来的状况，李商隐险些昏厥过去。过了许久，他的心情才稍微平复。李商隐先安抚着张伯稍做休息，自己去收拾行装准备起程。这等事情他不敢耽搁，如果晚到一步，就很有可能见不到恩师最后一面。

　　李商隐忍着悲痛，安排着弟弟妹妹照顾好母亲，自己要立刻赶向兴元。李母是一个深明大义的女子，拉着李商隐的手叮咛着："义山啊，令狐大人待你一向不错，你一定要好生尽孝。"李商隐重重地点头，早已是泪光闪烁。

　　一路上快马疾驰，李商隐恨不得插上翅膀飞到令狐楚的身边。他生怕自己到得晚了，做出让自己遗憾终生的事来。张伯一把年纪，这来回奔波已有数十日了，身体累得不行。李商隐心疼张伯，商量着让张伯慢些赶路。可是张伯摇了摇头，说道："我已伺候老爷一辈子，这个节骨眼上，我更不能离开他。我知道老爷的心事，本来可以派别人来寻你。可是我知道老爷不放心，我便亲自来寻你。我们快些赶路，如果老爷见不到你，死都不会瞑目的。"张伯勉强支撑着，一字一句说道。他跟在令狐楚身边一辈子了，老爷的心思他怎么会不懂，他知道老爷喜欢这个年轻的后生。有时候，比待自己的亲儿子都要好，所以他坚持自己过来送信。

　　张伯的话让李商隐疼痛不已，李商隐悄悄拭去眼角的泪水。伸手取过酒壶，让张伯多喝几口酒暖暖身子。十一月的山西地界，已经是北风呼啸，白雪纷飞了。李商隐替张伯裹紧衣服，自己也喝了点酒取暖，赶往兴元的路还很遥远。有些地方山路崎岖，很难行走。李商隐不敢多做逗留，径直地引马前行。

赶到兴元的时候，已经是日落黄昏炊烟袅袅。因为日夜不停地赶路，马匹跑到兴元府时已经累得虚脱在地上。府门口早有家仆在张望，一见管家与李商隐赶来，慌忙迎上前去。

"你们可赶回来了，老爷一直盼着。念叨好几天了，就等着见李公子呢。"家仆焦急地说道。

"少公子们都赶过来了吗？"张伯刚下马，便向迎上来的家仆问话。

"少公子们早两天就都到了，这几天正衣不解带地守在老爷的房里伺候老爷呢。"

张伯点点头，吩咐家仆做些饭菜送过来。这没日没夜地赶路，他和李商隐连口像样的饭菜都没有吃过。

家仆连声应是，便下去准备了。李商隐跨过前庭，急匆匆地向令狐楚的房间走去。本就是一个庭院的距离，李商隐却觉得有几十里的长度。终于站到了房门面前，李商隐伸出的手指突然停顿了下来。房间里很安静，他纷杂的思绪也倏地全部停止了。

房门被打开了，令狐绹一脸倦容地站在门内。他看着李商隐，没有任何言语。

"恩师他……"李商隐哽咽着开口，却又说不出来。

"父亲刚服过药睡下。"令狐绹沙哑着声音说道，他侧过了身子，示意李商隐进来。

李商隐愣了愣，双手抖了一下衣襟，才迈步走进屋子。屋中的一切还和他离开时的一样，只有那躺在床上的人瘦了很多。李商隐轻轻地走到床边，双膝缓缓跪下。病榻上的令狐楚微闭着双眼，面目没有半点血色。那双曾经斩杀过多少敌寇的手，如今枯瘦得怕是连笔都拿不起了。李商隐默默地将恩师的手放入被中，忍不住泪水潸然。

令狐绹扶起跪在床头的李商隐，示意他出去说话。李商隐点了点头，冲着令狐楚磕了一个头后，方才起身。他的动作轻柔缓慢，生怕吵到了睡着的令狐楚。

"父亲这些天很不爱喝药，他总是说生死由命，富贵在天，这一辈子已经足矣。所以我希望你能多劝劝父亲，让他好好喝药。你是父亲最得意的门生，他一直很欣赏你，我想你的话或许有用。"令狐绹叹了口气，双眼布满了血丝。

李商隐很清楚令狐楚的脾气，他决定的事情谁能改变呢？可是他还是点头同意了。

老管家张伯走了过来，"我已经准备好了饭菜和热水，李公子先随我去用膳吧。这几天日夜赶路，都没有好好吃过饭。等饭后去洗漱一下，我想老爷醒来时一定很想见你。"

李商隐感激地望向张伯，继而转身冲着令狐绹说道："令狐兄，我先去洗漱一下。我这一身尘土，也不方便见恩师。"

令狐绹点点头，李商隐便同张伯转身离去。李商隐没有先去吃饭，而是先回房间去洗漱。他不知道令狐楚什么时候醒来，他不想恩师看到他衣衫不整的样子。所以等他洗漱之后刚坐在饭厅里，手中的筷子还未碰到菜肴，便看到张伯急匆匆地赶过来。

"李公子，老爷他醒了。知道你到了，就喊着要见你呢。"

李商隐一听，连忙放下手中的碗筷，起身跟着张伯往令狐楚的房间走去。

令狐楚坐在床上，整个人看起来很虚弱。令狐绹垂手站在一边，看着恩师的样子，神情凝重。

"恩师！"李商隐大步上前，连忙跪倒在床前行叩拜之礼。

"义山啊，快过来。"令狐楚抬抬手，招呼着李商隐起来。

李商隐没有起身，而是跪着行到令狐楚的床边。李商隐看着令狐楚如风中的残烛般，心中刺痛不已，禁不住双眼噙着泪花。

"义山啊，为师算到你今天该到了。"令狐楚刚开口便是一阵咳嗽，李商隐连忙起身扶住令狐楚，双手不停地拍着恩师的后背。

"我知道你是个有情有义的孝顺孩子。"令狐楚拉住李商隐的手，并不在意自己的咳嗽，继续说道，"你要是听到我的病情，肯定会马不停蹄地赶过来。"

"是，学生听到恩师病了，一刻都不敢耽误地赶了过来。恩师待义山恩重如山，义山怎敢怠慢。"李商隐尽量平复自己的情绪，让声音听起来不那么哽咽。

"义山啊，你知道为师最喜欢你什么吗？"令狐楚拉着李商隐的手，让其坐在自己的床边，坚持着说道，"起初为师最欣赏的是你的才华，后来……咳咳……后来为师发现你是一个极重情义的孩子。你堂叔去世的时候，你哭成个泪人；你表叔走的时候，你不顾我的命令坚持亲自把他的灵柩送回故乡，为师便知道你是个孝顺的好孩子。咳咳，现在轮到为师病了，我就猜到你一定会很快赶来，咳咳……"

"是学生不孝，屡次违背恩师的命令。"李商隐的眼泪簌簌落下，这么近的距离，他能清楚地听到令狐楚虚弱的喘息声。

"为师没有怪你，你是我最喜欢的门生，为师自然知道你的为人。咳咳……现在，我有事情要你来办。"令狐楚勉强打起精神，冲着令狐绹吩咐道，"你们都先下去吧，我有话……要交代义山。"

令狐绹看着父亲的样子，嘴巴动了动始终没有说出话来，令狐绹叩首离去。临出门前，意味深长地看了李商隐一眼，其他的人见状也都随之退到了门外等候。

"恩师有事尽管吩咐，学生自会尽心尽力地去办。"李商隐郑重地答应着，他的手被令狐楚握着，他能感觉到那手的颤抖。

"义山啊，我气魄已殚，情思俱尽。但心中还有未忘怀之事，但又怕我写得不够委婉而惹怒皇上，所以想请你替我代笔完成。"

令狐楚费力地抬起手，指着一边的书案。李商隐会意地走过去，端坐在桌前。铺好宣纸，摆好砚台，便是墨笔在手：

臣永惟际会，受国深恩。以祖以父，皆蒙褒赠。有弟有子，并列班行。全腰领以从先人，委体魄而事先帝。此不自达，诚为甚愚。但以永去泉口，长辞云陛，更陈尸谏，犹进瞽言。虽号叫而不能，岂诚明之敢忘？今陛下春秋鼎盛，震海镜清，是修教化之初，当复理平之始。

然自前年夏秋以来，贬遣者至多，诛戮者不少。望普加鸿造，稍齐皇威。殁者昭洗以雪雷，存者沾濡而雨露。便五谷嘉熟，兆人安康。纳臣将尽之苦言，慰臣永蛰之幽魄。

令狐楚断断续续地说着，李商隐一句一句地写着，开始的时候李商隐还能平静，可是越到最后，他的心就越痛。当写完整篇遗表，李商隐的双手不停地颤抖。泪水一滴一滴地落在墨迹未干的纸上，与墨水溶在一起，化成点点黑色痕迹。

寂静，像这漆黑的夜一样，铺天盖地袭来。李商隐扑倒在床前，看到令狐楚已经闭上眼睛。李商隐失声痛哭，心中所积压的痛楚终于全部爆发出来。

守在门外的人听到哭声，撞门冲了进来。令狐绹见李商隐哭倒在地上，慌忙上前扶起。李商隐抓着他的手，早已哭得没了模样。

"恩师他……他去了。"

令狐楚生前教过很多门生，所以当他去世的消息传开时，便有很多人前来祭拜，这其中不乏身居朝中要职的官员。李商隐像个儿子般跪在灵堂前，跪迎着每一位前来祭拜的亲友，他已经有三天三夜没有合眼了。张伯看着心疼，劝他去休息一下，可是他倔强地坚持着。有些人不能前来吊唁，便托人送来诗文哭奠。李商隐一一收下叩谢，诚孝的模样让所有人为之动容。

灵堂设置了三天，在所有亲友的陪护下，李商隐陪同令狐绹将棺柩运往选好的墓地。这是令狐楚的遗愿，死后将自己葬在最后守护过的地方。灵柩放入挖好的墓穴中，便有亲友的哭声响了起来。李商隐跪在地上，将土一把一把地撒进墓穴。每撒一把，他都冲着棺柩叩一个头。这一次他没有落泪，他只是这样重复地叩首再撒土，撒土再叩首。跪在一边的令狐绹心疼地扶住李商隐，可是李商隐推掉了伸过来的手。他坚持着自己的想法，也许只有这样，才能将心中的痛楚发泄出来。也许只有这样，他才能报答恩师这么多年的知遇之恩。

　　安葬了令狐楚，李商隐也倒下了。连续多日的不眠不休，再加上心中抑郁，李商隐倒在了回府的路上。待他再次醒来时，已经躺在了自己的房间，令狐绹正坐在床前望着他。

　　"父亲走了，我们大家都很难过，可是你不能再这样悲痛下去。如果父亲在天有灵，看到你现在的模样，他不会开心的。"令狐绹劝慰着李商隐，他不希望他如此折磨自己，这个和自己亲如兄弟的男人。

　　"我没事。"李商隐坐起身来，看到令狐绹也是一脸的疲倦，不免问道："令狐兄接下来怎么打算？"

　　令狐绹的眼神突然暗淡下来："父亲去了，这兴元府也该散了。我这几日把府中的事情处理一下，恐怕就要赶回长安，朝廷里还有很多事要处理。"

　　"嗯。"李商隐点点头，便从怀中掏出一张纸，递到令狐绹的面前："这是恩师殡天的那个晚上，由我代笔的遗表。就由你转交皇上吧。"

　　令狐绹接过遗表，看过之后不禁重重地叹了口气："父亲一生忠勇，临死前还要谏言。他始终放心不下'甘露之变'中受害的大臣啊，希望皇上能替他们平反昭雪。"

　　"可是，皇上真的能替那些无辜的大臣洗脱冤情吗？"李商隐低沉地说着，像是在问令狐绹，又像是在问自己。

　　令狐绹沉默不语，也许是他不知道，所以无从回答；或许是知道，只是不愿意说而已。过了许久，令狐绹再次开口："刚才大夫过来检查过，你的身体现在很虚弱，虽说没有什么大病，但要想恢复精神，还需要静养一个月的时间。等你身体好后，就随我回长安吧。"

李商隐点点头，随后又摇了摇头："朝中还有很多事情等着令狐兄你去处理，我怎么好烦劳你在此等我，你处理完这边的事情就先赶回去吧。等我身体好些，我自会去长安找你。"

令狐绹见状也不强求，叮嘱着李商隐好生休息，便去忙自己的事情去了。

令狐楚过世的第七日，李商隐题写了祭文《奠相国令狐公文》：

> 呜呼！昔梦飞尘，从公车轮；今梦山阿，送公哀歌。古有从死，今无奈何！天平之年，大刀长戟。将军樽旁，一人衣白。十年忽然，蜩宣甲化。人誉公怜，人谮公骂……愚调京下，公病梁山。绝崖飞梁，山行一千。草奏天子，镌辞墓门。临绝于宁，托尔而存……故山峨峨，玉谿在中。送公而归，一世蒿蓬！

李商隐将心中所有的情感都写进了这篇祭文之中，从大和元年他踏进令狐府作为令狐楚的门生，到现在已经整整十年。十年之间，却如同梦境一场。这中间有多少有情事，又有多少无情事。皆是一梦之间，生死两别。"将军樽前，一人衣白"，回想起自己的白衣未仕之身却受令狐楚眷顾，以师之名，以父之爱，亲传骈文，照顾有加，这让他成为多少求学拜师的门生羡慕的对象。而如今生死离别之际，他所信任倚重的依旧是他这个并不得志的门生。这种知遇之恩，他本无以为报。而如今恩师故去，他虽已取得功名，但却仍然未正式踏入仕途，这让李商隐倍感悲慨。

令狐绹处理了父亲生前留下的事务，便赶回京城赴命。李商隐的身子还有些虚弱，令狐绹便要留下管家张伯来照顾他。李商隐推说自己一个人能行，想让张伯跟着令狐绹回长安。令狐绹不允，李商隐见状也不再争执，遂了令狐绹的心意。令狐绹叮嘱张伯照看好李商隐，待养好身体之后，便可以去长安找他。李商隐点头同意后，令狐绹才带着家眷离开兴元赶往长安。

令狐绹走了，先前偌大热闹的府第如今冷冷清清。李商隐觉得心中沉重，便想出去走走。张伯劝说他身子尚未养好，若是再出去惹了风寒该如何是好。李商隐摇摇头，说自己只是想出去见个老朋友。张伯听罢想问李商隐要去哪里，可是看到他抑郁的脸色，也不再出口阻拦，由着他出去了。

寒冷的天气使得街上的行人甚是稀少，李商隐沿着街道一直向北走去，这街的尽头便是永安坊。回来这些天他一直在忙碌恩师的事情，如今一切都已经操办完毕，他自然很是想见柳枝。所以尽管身子还很虚弱，他还是坚持着朝永安坊走去。

永安坊白天是关门的，李商隐敲了半天的门，才有门童过来开门。

"大家都在休息，你晚上再来吧。"门童是个十三四岁的孩子。

"你是新来的吧？"李商隐看着门童纯真的样子，忍不住问道。

"嗯，我才来一个月。"门童很认真地答道。

"难怪你不认识我。我是来找柳枝的。"李商隐裹了裹衣襟，这永安坊的门正冲风口。而此时的风正毫不留情地钻进他的衣领，害得他猛打寒噤。

"这里没有什么柳枝，这里白天是要休息的。您要找人，等晚上再来吧。"门童说完便要关门。

"哎！"李商隐一手挡住门童，"你这小孩，怎么这般看人？"李商隐有些气恼地说道。

"我怎么了？"小门童见李商隐责怪他，也有些生气，声音不免有些高。

"吵什么呢？"从门里传来一声质问声，一个身着粉红衣裙的女子走了出来。

"桃红姐，这人好奇怪。我告诉他这里没有他要找的人，他还怪罪我。"小门童望着走出来的女子，一脸的委屈。

"是……你。"被唤做桃红的女子望着李商隐，一脸的不可置信。

李商隐认得她，以前来找柳枝的时候经常会受到老鸨的冷嘲热讽。有几次就是这个叫桃红的女子出言相助，为此柳枝也对她深表感激。李商隐看见桃红，连忙施礼，道："桃红姐，我来看望柳枝。"

桃红皱起眉看着李商隐，半晌，才冲小门童说道："让他进来吧。"小门童见状，委屈地侧过身子，让李商隐进门。

李商隐慌忙连声道谢，便跟着桃红的身后，向二楼的厢房走去。李商隐跟着桃红一直走到二楼走廊的尽头，才见桃红停住脚步。李商隐忍不住问道："这，不是柳枝的房间啊？"

桃红转过身来，一双凤目紧紧地凝望着李商隐："你真的不知道吗？"

"知道什么？"李商隐疑惑地问道。

桃红的眼圈泛着红，她不再言语。转身推开房门迈了进去，李商隐紧跟着踏进房间。

这个房间很小，装饰也很简陋。李商隐环视着整个房间，不明白桃红为什么带他来这里。

桃红看出李商隐的不解，深深地叹了口气："柳枝妹妹最后就是住在这里。"

李商隐越听越不明白："最后？"

桃红纤手拂过那床锦被，声音很是忧伤："三个月前，柳枝妹妹便去了。"

"去了？去了哪里？"李商隐还是不明白。

"她……死了？"李商隐突然明白过来，他不相信！他瞪大眼睛看着桃红，他希望她能绽放出一个笑容，告诉他这只是个玩笑。

可是桃红没有，她低下眼眸，嘴唇轻咬着，忍着眼中的泪水不要滑落。她无法开口，只能点头，告诉他这一切都是真的。

李商隐险些跌倒在地上，桃红慌忙上前扶住，让他坐在凳子上休息。她知道这样突然的打击，任谁都无法接受。

李商隐感觉自己的大脑一片空白，柳枝的笑容出现在他的眼前。他感觉是那样的真实，可是一伸手，却什么也没有了。李商隐急躁地站起来，一把抓住桃红："这不是真的，你告诉我，快告诉我，这不是真的。"

桃红挣脱了李商隐，从怀中掏出一个物件递到李商隐面前："这是她亲手绣的，是送给你的。"

李商隐颤抖地接过，是一个黄色锦缎荷包。上面绣着迎风摆动的柳条，翠绿轻盈。翻过背面，是一句诗："花房与蜜脾，蜂雄蛱蝶雌。同时不同类，那复更相思。"这是他写给她的诗啊。

"画屏绣步障，物物自成双。如何湖上望，只是见鸳鸯。"李商隐悲痛地念着，他无法接受柳枝不在的事实。那个善良的女子，那个一心爱着他的可人儿。李商隐感觉自己的心被撕扯着碎成了一万块，每一块都痛楚难当。他再也忍不住了，趴在桌上哭出声来。

桃红也不阻挡，任他哭着，只是忧伤地看着他。看着他用手指揪着胸前的衣服，看着他用手猛捶着心口，将他所有的痛苦收在眼底。待他哭累了，不再流泪了，桃红才走上前去，掏出手帕，拭掉李商隐的泪痕。

李商隐用了很长的时间才平稳住情绪，看着手中的荷包，他感觉有千斤沉重。

"和我说说她的事吧。"尽管控制，但李商隐的声音还是有些哽咽。

"其实柳枝妹妹的身子骨早就有病缠身，每到天气转冷的时候，她便咳嗽不止。我认识她也有四五个年头了，以前她总是不肯好好吃药。我劝她，她总是说身子单薄抵不住风寒，没有大碍。我若说得多了，她便说一切都是命中注定。如果老天爷早些收了她，她便早些去投胎。"

桃红顿了顿，看了李商隐一眼，又继续说道："可是后来她遇见了你，就不一样了。整个人就像换了魂儿似的，人有精神了，也爱说笑了。可是她的身子也不行了，咳得越来越厉害。不管怎么吃药都控制不住，大夫说这是肺痨。吃药也只能是克制一时，去不了根儿。"

"这不可能，柳枝生病，我怎么会不知道？"李商隐摇着头，不愿意相信桃红说的话。

"是柳枝妹妹故意要隐瞒你的，她不想让你替她担心，还特地叮嘱永安坊里的人不要和你提起。自你年初时候走了，柳枝的咳病就又犯了。但今年比往年都重些，每天都不停地咳。妈妈见她不能接客，自然是不肯再让她占着头牌的房间，于是便让她搬到这间房里。柳枝妹妹每天都会熬草药，那种苦涩的味道，我们闻了都会皱眉。可是她坚持每天都喝那么苦的东西，她期盼你早日回来。后来她听说你中了进士，高兴得不得了，坚持要绣这个荷包送给你。"

"你怎么这么傻，生病了就要好好休息，还绣什么荷包。"李商隐紧紧抓着荷包，泪水又一次涌出。他对着荷包自顾自地说话，仿佛那样，柳枝便能听到。

"这个荷包绣了整整三个月，绣完它柳枝妹妹就不行了。她说你一定会回来找她的，所以让妈妈保留这屋子。她说你回来时，便到这里寻她。"桃红说完这一切的时候，也是泪染衣襟。柳枝对李商隐的情意，这些日子她看得清清楚楚。她也心疼这样的女子，她甚至恨过李商隐，竟然让柳枝这般苦苦等待。

可是柳枝告诉她，李商隐是个有情有义的男人。他说过会来，就一定会来的，可能是有什么事耽搁了。桃红哭着说你怎么这么傻，当官的都是负心汉，谁还会记得青楼中的女子。即便是记得，怕也是转身便忘记了。

柳枝却笑了，她说不会的。他是她从十六岁便喜欢上的男人，这么多年来，她对他的爱始终不曾减少过。尽管她知道他的心中还装着另一个女人，可是她还是很满足。上天让他们擦肩而过之后又让他们再次相逢，她感激上苍，她早已没有任何的怨言了。

桃红拭干泪水，从梳妆台的宝奁里拿出一叠纸笺放在桌子上，转身退出了房间。她想让柳枝和李商隐单独待一会儿，她相信柳枝在天之灵一定可以看到。

李商隐将纸笺打开，那是柳枝写给他的信。与其说是信，不如说是她对他的思念。每一封信都看得李商隐肝肠寸断，而最后一封的落笔日期是九月二十一日。

> 我又一次梦见你，梦见你来接我。很开心地笑，可是醒过来时，依旧只有跳动的烛影和微燃的檀香。我想说我很想你，这怕是我最后一次给你写信了。我的身体已经不行了，我等不到你来接我了，可是我真的很想见你。我也有怨过，可是那些怨念比起对你的思念，便显得微不足道了。
>
> ……
>
> 商隐，我不后悔今生爱过你。可是我的爱还是没有让我支撑到你的归来，这是我今生最大的遗憾。
>
> ……
>
> 九月二十一日柳枝绝笔

九月，不正是他在家梦见柳枝的时候吗？李商隐将纸笺揉成一团，狠狠地丢了出去。他恨自己，恨自己为什么不直接来兴元见柳枝？明明说过高中之后便来接她，为什么非要鬼迷心窍地等待什么朝廷的任令？说好不再食言的，可是这一次，他连弥补的机会都没有了。李商隐望着手中的荷包，刺痛直达心底。这一针一线，都是柳枝对他的情意。是他不够好，总是一次又一次地让她失望。他不是一个好男人，他给了她希望，却又一次让她失望，化作一辈子的遗憾，无法弥补。

李商隐想了很多他和柳枝之间的点点滴滴，他发现他们相处的日子真正算起来好少。越是回忆，李商隐就越觉得自己亏欠柳枝的太多太多，从来都是她用无欲无求的爱滋养他，而他能给的，除了几篇诗文，似乎什么都没有。

李商隐慢慢地走到床边，手指抹过纱帐，看到枕头上的几丝长发。他小心地拾起，一根一根地理顺，又小心地收进荷包中。这是她的青丝，里面有她对他的思念。李商隐躺在床上，轻轻地扯过绣着芙蓉的锦被盖在身上，这上面还残留着她的气息。李商隐疲倦地闭上眼睛，他真的好想念她。

无 题

来是空言去绝踪，月斜楼上五更钟。
梦为远别啼难唤，书被催成墨未浓。
蜡照半笼啼难唤，麝熏微度绣芙蓉。
刘郎已恨蓬山远，更隔蓬山一万重。

我做了一个梦，感觉是那样的真实，梦中全是你的身影。

月影横斜在空寂的楼前，远处传来五更的钟声。你孤零零地站在窗前凝望，你说过会来见我的，怎么就变成一句空话了，到现在都没有踪影。我总是梦见你离开我时的样子，所以我总是从哭泣中醒来，然后把对你的思念写成一封又一封代表我心意的书信。可是墨迹淋漓，你如何能得知我的衷情呢？

我每夜都躺在这香薰的芙蓉帐里，看着烛火在绣着金翡翠鸟的罩中半明半暗地跳动。我对你的思念越来越深，可是你离我越来越远。我想把我的思念全部寄给你，可是我们之间怕是隔了万重蓬山那么遥远了。

柳枝的离去令本就因为令狐楚辞世而身体虚弱的李商隐彻底病倒了。一个是待他如子的恩师，一个是爱他无悔的恋人，这样双重的打击任谁能承受得来？

天气已经进入寒冬，有雪从万尺的高空飘落。一地的洁白，让偌大的兴元府显得更加凄冷。李商隐整整休养了一个月的时间，幸好有张伯的细心照料，身子才渐渐有所好转。张伯见李商隐已经可以下地行走了，便商量着是否赶回长安。李商隐不假思索地同意了，他也想尽快离开。这里有他太多的回忆，每日面对这一切，他都会睹物思人。如果能尽早离开，也不是件坏事。

李商隐的身子刚好，不宜太过劳累。所以张伯雇了一辆马车，收拾好行李物品，便朝长安驶去。

一路颠簸，车子渐渐进入了长安的西郊。李商隐见已近长安，便想下车透透气。这一路坐在车子里，整个身子都僵硬了。张伯喝住车夫停下马车，二人便步行向前。

这是怎样的村落啊！整条街空荡荡的如同被洗劫过一样凄凉不堪。种田的农具七零八落地丢了一地，路边有饿死的耕牛。此时已是晚饭时间，却十室有九空。有啼哭声传来，李商隐便寻着哭声而去。

开门的是一个三十多岁的男人，见有人来，慌忙转过身去。

"这位大哥，我是过路的，想讨杯水喝。"李商隐不明状况，连忙扯个谎说道。

那男人不愿意转身，背对着他说道："二位进来坐吧，我去倒水来。"

李商隐很奇怪男人为何不愿与他正面交谈，转眼望向张伯，张伯也不明就里。李商隐想了想，还是跟着男人进了屋子。

不多时，男人端着两个破瓷碗走了出来。李商隐这才看到，男人身上的长袍残破不堪，右手的衣袖被烧掉了半截。这么冷的天气，半条胳膊就赤裸裸地露在外面。李商隐瞪大了眼睛看着那男人，惊讶地指着他的手臂说不出话来。

"家里来了客人，我这样子实在见不得客人。"男人一脸窘迫，想将右手藏在身后。可是最终还是放弃了，便将整个手臂放在了前面。"这衣衫虽破，但却是我唯一可以御寒的衣衫了。比起那些饿死和冻死的乡亲们，我应该感到幸运才是。"男人缓慢地说着，看着自己一身残破的模样，有些自嘲。

"怎么会这样？"李商隐并没有嘲笑的意思，而是关切地询问着，"我刚进村子时，便看到有农田树木被烧毁。村子里断垣残壁，十室已有九空，这里到底发生了什么？"

男子长长地叹了口气："这个村子被洗劫了多次，最近的一回便是因为'甘露之乱'。当时仇士良带着神策军一路追杀李训和郑注，路过村子。宦官不顾百姓死活，吃喝也便作罢，还将每家每户值钱的东西全部搜刮走。若是不给，轻则拳打脚踢，重则致死。乡亲们死的死，逃的逃，就变成了现在的模样。"

李商隐手上的青筋暴起，牙齿咬得咯咯作响："这些可恶的宦官，竟然跟强盗一般。如此不顾百姓死活，真是可恨至极。"

"这几年的收成本就不好，朝廷不但不免税赋，反而因为战乱而加重税收。我们老百姓早就吃不上饭了，卖儿卖女的到处皆是，日子早就没法过了。"男人似乎说到痛处，将头埋在膝盖间呜咽着哭了起来。

李商隐向张伯要了几两银子留给男人后，便铁青着一张脸走了出来。

李商隐蹬上马车便冲着张伯咆哮："你看看百姓过的这叫什么日子！这些当官的如此行事难道就没有人管吗？"

张伯摇了摇头，朝廷上的事，他一个老头子怎么会知道。

"不行，我要写一首长诗，像杜甫的《自京赴奉先县咏怀五百字》和《北征》一样。就算我不能上书朝廷，但我可以将这首诗传诵出去，让所有当官的都知道，他们的所作所为不会被掩盖消弭的，百姓的疾苦是他们一手造成的。"

张伯拦住正在翻找笔墨的李商隐，急忙说道："义山啊，你别傻了。你刚中进士，马上就可以步入仕途了。你要是这样做，你的前途可怎么办啊？"

"如果做官不能忧百姓之疾苦，那这官做来还有何用？"李商隐愤恨地说道。

"可是……"

"张伯你不要再说了。"李商隐打断张伯的话，眉头紧紧地蹙在一起，思量间便开始奋笔疾书。

一炷香的时间，李商隐的左手边已经堆起了六页的宣纸，每页纸上皆是一段诗词。张伯拿起第一页纸，念道：

蛇年建午月，我自梁还秦。

南下大散关，北济渭之滨。

草木半舒坼，不类冰雪晨。

又若夏苦热，燋卷无芳津。

高田长槲枥，下田长荆榛。

农具弃道旁，饥牛死空墩。

依依过村落，十室无一存。

存者皆面啼，无衣可迎宾。

始若畏人问，及门还具陈。

"我们从兴元府赶回长安，所经过的村落，草木干枯而脆裂。不像冬天那样冰雪严峻，倒像是夏天青草被烈日晒得焦枯蜷缩而缺少水分的样子。田野荒芜，农具丢弃于路旁，耕牛饿死在土堆上。遇到的村民衣不遮体，掩面而泣。待客人进屋后，又忍不住将这衰败的情景全部道来。义山，你说的这些，就是刚才我们在村中所遇到的啊。"张伯感慨地说道，顺势拿起第二张纸继续念道：

> 右辅田畴薄，斯民常苦贫。
> 伊昔称乐土，所赖牧伯仁。
> 官清若冰玉，吏善如六亲。
> 生儿不远征，生女事四邻。
> 浊酒盈瓦缶，烂谷堆荆囷。
> 健儿庇旁妇，衰翁舐童孙。
> 况自贞观后，命官多儒臣。
> 例以贤牧伯，徵入司陶钧。

"这城郊的地方官淳厚贤良，百姓有农田耕种。生儿不用去远征，养女不需要远嫁。缶中有酒，囷中有粮。妻妾享乐，老翁弄饴。太宗治国有方，知人善用，以司陶钧为宰相。义山，你这不是在歌颂大唐盛世吗？"

"是，却是安史之乱以前的盛世。"李商隐头也不抬地答道。

张伯忍不住将全部的纸张拿在手中，依次地读下去：

> 降及开元中，奸邪挠经纶。
> 晋公忌此事，多录边将勋。
> 因令猛毅辈，杂牧升平民。
> 中原遂多故，除授非至尊。

或出幸臣辈，或由帝戚恩。

……

指顾动白日，暖热回苍旻。

公卿辱嘲叱，唾弃如粪丸。

大朝会万方，天子正临轩。

采旃转初旭，玉座当祥烟。

金障既特设，珠帘亦高褰。

……

诚知开辟久，遘此云雷屯。

送者问鼎大，存者要高官。

抢攘互间谍，孰辨枭与鸾。

千马无返辔，万车无还辕。

城空鼠雀死，人去豺狼喧。

……

山东望河北，爨烟犹相联。

朝廷不暇给，辛苦无半年。

行人摧行资，居者税屋椽。

中间遂作梗，狼藉用戈鋋。

……

巍巍政事堂，宰相厌八珍。

敢问下执事，今谁掌其权。

疮痍几十载，不敢扶其根。

国蹙赋更重，人稀役弥繁。

"李林甫阻挠朝廷政事，调边将为节度使，以保住相位；玄宗宠幸武惠妃而杀太子李瑛；极受恩宠的安禄山，最终引发安史之乱。国库空虚，民不聊生。边疆的将士领不足军饷，填不饱肚子，而巍巍政事堂里的宰相高官却厌倦了精细的美食……"张伯读懂了每一句里的愤怒之音，他赞赏李商隐的勇气。如此犀利的文字，此时此刻，天下怕是找不到第二个人敢写。

……

生为人所惮，死非人所怜。

快刀断其头，列若猪牛悬。

凤翔三百里，兵马如黄巾。

夜半军牒来，屯兵万五千。

……

盗贼亭午起，问谁多穷民。

节使杀亭吏，捕之恐无因。

咫尺不相见，旱久多黄尘。

官健腰佩弓，自言为官巡。

……

"郑注被杀，其头挂在城头上示众。'甘露之变'后宦官带着禁军四处焚杀，祸害百姓。各州县招募士兵巡查盗贼，却还出手射杀百姓……真是闻所未闻，惨不忍睹。"张伯念到此处，心中已是无限悲凉。李商隐句句如刀锉，让亲者痛之，让恶者畏之。

最后一段诗词完毕，趁墨迹还未干，李商隐将其晾至一旁，接着张伯所念的诗词继续念道：

我听此言罢，冤愤如相焚。

昔闻举一会，群盗为之奔。

又闻理与乱，在人不在天。

我愿为此事，君前剖心肝。

叩头出鲜血，滂沱污紫宸。

九重黯已隔，涕泗空沾唇。

使典作尚书，厮养为将军。

慎勿道此言，此言未忍闻。

"种种让人悲愤之事，我怎么能视而不见？可是我李商隐一介平民，如何才能将这种民之灾苦告诉皇上啊！"李商隐叹息。"如果叩头能见到皇上，我愿意跪在紫宸殿前叩出血来。可是君门九重，哪有那么容易见啊。现在没有能力和没有修养的人都当了将军，这话不能让别人听见，会惹来灾祸的。可是天底下有不被人知道的事情吗？"李商隐大声地质问着，望着张伯的眼神里燃烧的全是怒火。

张伯收起最后一张纸，中肯地说道："这首史诗写得非常好，长久以来，人们心中敢怒不敢言之事，皆在你的这首诗中。但是好诗归好诗，这诗是千万不能被流传出去的，否则定会得罪朝中大批官宦，那你还有何前途可言呢？"

"如果当官都不敢言民意，那这官当来还有何用？好男儿应当是修身齐家治国平天下，我李商隐虽无一官半职，但却不会装作视而不见。就算是以文为刀，我也要狠狠地痛斥那些害国害民的谗臣奸宦。骂得他们狗血淋头，为百姓讨声公道。"李商隐冷笑着说道。

"以前老爷便说过你有治世之才能，但是你这直硬的性子却很不适合做官。如今看来，老爷说得一点不假。"对于李商隐的性情，张伯这些年来自然也是知道一二，只好无奈地摇头。

"为官之道靠的是什么？不是才能。"李商隐苦笑，"自古胸怀大志者何其多，可是又有几人能功成名就？李白满腹经纶又如何？也只能在醉生梦死之间来消磨才华。虽说'天生我才必有用'，却也只能是'与尔同销万古愁'来排泄自己心中的苦闷。这种滋味，怕只有身在其中之人才知晓吧。"

张伯将一叠诗稿递到李商隐的手上，说道："李白虽然仕途无成，却留有惊世之作。你的这篇长史诗，忧国忧民，直言朝廷政事，痛诉百姓疾苦。如果你真的打算将它散播出去，那它一定备受百姓喜爱。到时候人人传诵，便也流传百世了。"

"如此的话，要有个名字才好。"李商隐被张伯的话逗得一笑，提笔在纸上郑重地写下《行次西郊作一百韵》八个大字。

第四章　身无彩凤双飞翼，心有灵犀一点通

一　欲回天地入扁舟

开成三年（公元838年），李商隐在令狐绹的介绍下，在户部寻了个书令史的差事。平时也就是替人抄抄文书，跑跑腿，混口饭吃。

而此时朝廷的宰相李石，在回朝途中遭人袭击。虽然只是受了点轻伤，但在京城已经引起了恐慌。朝廷方面下令缉拿凶手却始终未果，后来不知何处透出消息说是仇士良所为。但碍于没有证据，也奈何不得宦官。李石因此惧怕，上书辞官。而皇上并不知其原因何故，最终以李石充荆南节度使作罢。

另一方面"牛李党争"依然在激烈地上演。户部掌管户口、土地、赋役和进贡之事，甚至连婚姻和继嗣这样的事也管，所以每日前来户部办事的人特别多。而户部任职的多是"牛党"中人，所以对于"李党"前来办事的人，多是置之不理。

这几天一直有一个身材高瘦、年近五旬的老者拿着一纸文书来找户部侍郎出凭盖印，可是一连来了几天都未见到人影。

李商隐见过那文书，是一纸为难民建屋置地的文书。本不是什么大事，朝廷已有明令，只需在户部备个案即可。可是户部恃势凌人，故意刁难，这种官派作风让他很是看不惯。于是李商隐接下老者的文书，答应他会找到户部侍郎盖得章印，并让他三日后来取。

老者走后，李商隐直接找到户部侍郎请其盖章。户部侍郎碍于他是令狐绹推荐来的，并且知道李商隐曾是令狐楚最得意的门生。虽然李商隐并没有什么让他忌惮的，但令狐家的面子他不得不顾及，所以也只能盖印了。

而此事也很快传到了令狐绹的耳朵里，为此令狐绹很不满意。

"贤弟，你可知那人是谁？"令狐绹尽量压制心中的火气，大声地质问李商隐。

"知道，泾原节度使王茂元。"李商隐答得痛快。

"此人是李德裕的好友，而李德裕行事处处与'牛党'作对。此时你接他的文书为他办事，你让我怎么向'牛党'中人交代！"

"义山并不知什么'牛党'和'李党'，义山只知道有利于百姓的事就应该做，请问令狐兄这有何错？"

"你！"令狐绹被问得气结，"朝中之事不是你想得这般简单！"令狐绹气愤地丢下一句话便甩袖而去。

李商隐看着令狐绹远去的背影，心中很沉重。这已不是他所熟悉的令狐绹，他还记得少年时的约定，可是如今他怎么会变成这个样子呢？李商隐无法理解。

第三日，王茂元按照约定找李商隐取文书。见文书上鲜红的官印，王茂元禁不住大笑。

"年轻人能有如此的胸怀，怎能不成大事！"王茂元看着李商隐，目光中全是欣赏。

李商隐被这突如其来的一句话给弄蒙了，不知道此话从何而来。

王茂元低下头附在李商隐的耳边说道："我知道你是令狐楚的得

意门生，还是科举的进士。"

李商隐皱起眉头，这话对他来说，真不知道是褒还是贬。

王茂元也不理会他的表情，自顾自地拍着李商隐的后背说道："走，去老夫的客栈里，我们喝两杯。"

"这，不太好吧。"李商隐犹豫着。

"有何不好？"王茂元见李商隐推托，有些生气，"难不成你也和那些凡夫俗子一样的见识？老夫是钦佩你的才华，念你又帮了我这个大忙，才不计小节请你喝酒。"

"晚生只是举手之劳，怎敢图以答谢呢？"李商隐说道。

"你这一再推托，可是看不起老夫？"王茂元怒道。

"不敢不敢，那晚生遵命就是。"李商隐赶紧解释道。

王茂元拉着李商隐来到客栈，此时酒菜已经摆好。李商隐正诧异难不成王茂元知道自己一定会来，却听到一个欢快的声音叫道："李兄，我就知道你一定会来！"

李商隐侧过目光，望见韩瞻正向他走过来，连忙双手抱拳："韩兄，你怎么会在这里？"

"我这次来是随岳父进京办事的。"韩瞻伸手示意，王茂元正是他的岳父。

"原来如此。"李商隐恍然大悟。

三人围桌坐下，几杯酒下肚，便都打开了话匣子。

"我常听畏之赞叹你的才华，也读过一些你写的诗。却从未想过久负才子之名的李商隐原来竟是这般年轻，真是让老夫刮目相看。"王茂元说道。

"大人谬赞了，晚生一介书生，不能行军打仗，也只能靠笔杆子替百姓说句公道话了。"李商隐客气地说道。

"老夫真是欣赏你这样的年轻人，不为功名折腰，不为利禄低头。心中装的都是我大唐的疾苦民众，你还真是颇有几分我年轻时的模样。"王茂元大肆地夸着李商隐，目光里全是疼爱。

"大人的厚爱晚生真是自感惭愧。"李商隐有些不好意思地说道。

"你这个'大人''大人'叫起来没完了，老夫不爱听。老夫尚有一女还未出嫁，老夫将她许你，你和畏之一样叫我岳父吧。"王茂元说完还不住地点头，像是很满意自己刚才的决定。

"哈哈，岳父将最宝贝的七妹嫁给你，可见他是真的喜欢你啊。"韩瞻大笑着说道。

"这……"李商隐被这突如其来的"好事"给镇住了，尴尬地红着脸，不知道如何应对。

"怎么？怕我女儿配不上你？"王茂元喝下杯中的酒，眯着眼睛问道。

"不是。"李商隐连忙解释说，"晚生只是一个落魄的书生，不敢委屈了小姐。更何况，晚生入不入得小姐的眼，都还很难说。"

"其实七妹……"韩瞻刚开口，便被王茂元打断了。

"你说得也对，女儿家的婚事还是由她自己定吧。我那女儿，虽说是个女儿身，但倔强的脾气却很像我。她若不同意，九头牛都拉不回头。"王茂元提起自己的小女儿，笑容满面。

李商隐看着王茂元，憨憨地笑着，他突然喜欢上这个男人。虽然只是初识，但举手投足间所散发出来的洒脱与笃定让他感觉亲切，那爽朗的笑声总是让人不自觉地想去靠近。有那么一瞬间，他感到有这样的家人，也是一件快乐的事情。

"你准备一直留在户部吗？"王茂元问这句话时，眉头不禁皱了起来。

"目前也只能这样了，朝廷的任命始终没有下来，我终归是要找点事做。而且马上博学宏词科试也快开始了，我打算去参加。"提及这些事情，李商隐的情绪就不免地低落下来。

"依我看，你随我们回泾原得了。岳父为一方节度使，一定会为你寻一合适的官职。"韩畏之笑呵呵地说道。他早就看透了岳父的心意，这句话，刚好说到了他的心坎里。

"我看行，户部那些狗官没一个办正事的，你留在那里真是屈才了。"王茂元想到这次去户部，气就不打一处来。

"谢谢二位的美意，可是我暂时还不能离开长安，还有些私事要处理。"李商隐推托了，他留在长安还要找一个人，一个找了很久的人。

"既是如此，我也不勉强。只是你什么时候不想在长安待了，就来泾原找我，我一定不会委屈你。"王茂元给李商隐留下了承诺，这让李商隐心里很是感激。平生初见，能如此待他，他还有什么原因不感动呢？

三日之后，王茂元带着韩瞻赶回泾原，而李商隐也忙着参加吏部博学宏词科试的准备。博学宏词科试的择人之法有四，一为"身"，体貌丰伟者；二为"言"，能言辞辩正；三为"书"，楷法遒美；四为"判"，文理优长。四事皆可者，则先德行；德均以才，才均以劳。得者为留，不得者为放。

李商隐这次的科试文篇很受主考官周墀和李回两个大学士的欣赏，所以很自然地被录取。然而当吏部把入选的名单送至中书省时，李商隐的试卷被驳了回来，其名字下面被中书省的长官批以"此人不堪"。一般来说，科试之后吏部把选录的人员名单送至中书省复审，中书省是不会干预阻挠的，可是这次李商隐成了例外。很明显，李商隐在复审时被中书省内有势力的人除名了。

事情发生后，李商隐悲愤不已。但除了能借酒浇愁之外，也别无他法。户部的差事他也不愿意再去，自从上次他帮了王茂元，户部里的官员便开始刻意疏远他。每日去当职，他都犹如一道影子。明明存在，却是孤零零地被人遗忘。

令狐绹对于李商隐的借酒浇愁视而不见，任由他醉生梦死。李商隐不明白自己到底做错了什么，使得令狐绹这样对他。令狐绹对他不好吗？也不是，令狐绹供他吃住，好生照料。要是说令狐绹对他好，他也不觉得。令狐绹不再与他说起任何有关朝政的事情，似乎是故意缄口，他从不给他机会问起。即便是问了，他也不会回答他，这让李商隐心里隐隐地作痛。

又是三个月过去，令狐绹对李商隐除了给予生活上的照顾之外，仕途方面依然只字不提，这让本来存有一丝希望的李商隐渐渐心灰意冷。他想起了王茂元，想起了王茂元临走时对他说的话。思前想后，李商隐决定离开长安去泾原投奔王茂元。

对于李商隐的到来，王茂元喜出望外，一面让韩瞻安排李商隐的住处饮食，一面要给李商隐寻找一合适的官职。李商隐见状慌忙拒绝了，他不是第一次入幕府了，不想太过张扬。

晚饭的时候，三个人又坐在一起喝酒。提及科试的事情，这次倒是韩瞻最先沉不住气："李兄，这事明摆着就是有人暗中排挤你。以你的才华足以应对科试，更何况你已经被提名了。一定是你得罪了中书省里的人，才落得如此样子。"

李商隐沉闷地喝着酒，对于这件事，他不想说什么了。

"这事我也找人查问过，很大一部分原因，还是因为你那首《行次西郊作一百韵》。此诗我也读了，李林甫阴谋乱政，安禄山飞扬跋扈，藩镇势力膨胀。以致后来安史之乱叛军长驱直入，百姓流离失所，皇帝望风而逃。后唐的财源枯竭，赋税苛重，执权者腐败无能。之后甘露之变再次让百姓生活无路，被迫为盗。从初唐到晚唐，你的这首史诗可谓是字字珠玑，敢言天下人不敢言之事。可是你可知你的这首诗又惹下了多大的祸端？你将当权者骂得狗血淋头，他们岂会不恨你？岂能容你为伍？"王茂元重重地叹了口气，望向李商隐的眼睛里流露出愧疚，"其实这里面也有我的一部分原因，如果不是你帮我办了那件事，杨嗣复也不会把你的名字抹去。杨嗣复现在是中书省的掌权人，是'牛党'中人，曾和令狐楚的交情甚好。按理说冲着你恩师的面子，他也不会为难你。我思来想去，一定是因为我的那件事，让他误解了，是老夫连累了你。"

"您这说的是哪里的话，生死由命，富贵在天。我平生所受的挫折已是不少，又怎在乎多这一件呢？再说了，我也从未想过参与什么党争，我做的只是我认为应该做的事。如果别人真要那样想，我也只能随他们去了。"李商隐捏着酒杯，淡淡地说道。命运赋予了他太多的挫折，起起落落，身心早已疲惫。到底是何原因其实已经不重要了，结局已是如此，还追问过程干什么。

王茂元将李商隐照顾得细致入微，可是这并没有让李商隐抑郁的心情有所好转，反而更加沉闷。在王茂元的幕府里，李商隐俨然成了异类。众所周知，他本是令狐楚的得意门生。如今科试被除名，他又来投靠王茂元，这让府中的幕僚对他很是鄙夷疏远。李商隐依旧形只影单，还好王茂元和韩瞻对他照顾有加，这让李商隐伤感的心里多少有点安慰。

风，年复一年地来来回回，似乎这世间不变的只有它。站在高大的安定城楼上，李商隐目光所及之处杨柳新枝，水绿山青，到处都是欣欣向荣的景象。反观自己悲凉的经历，这让李商隐的心中产生了浓重的伤感情绪，情不自禁地吟道：

安定城楼

迢递高城百尺楼，绿杨枝外尽汀洲。

贾生年少虚垂涕，王粲春来更远游。

永忆江湖归白发，欲回天地入扁舟。

不知腐鼠成滋味，猜意鹓雏竟未休。

伫立在安定城楼之上，眼前的一片春意盎然映衬在心中的却是一片苍凉悲愤。李商隐的眼眸里蓄满了纷杂的情感，不断地纠结，纠结成一团再也解不开的结。从眼中跌到心底，变成一种无形的伤，深深地刻在看不见的地方。

身后有乐声响起，虽是背向而立，但李商隐能从乐音中听出，那细腻的指法一定是出自一位女子之手。琴音袅袅传来，疾缓有度，潇洒脱俗。遥望远处那折射在水面的阳光，恍如这一世尘埃都掉进了悠远的琴音中。没有烦恼，没有忧伤。琴声似轻缓的流水，叮当向前，又似飘浮的云，绮丽缠绵。淡和清心的琴音让李商隐暂时忘却了心事，直到琴声停止，他还深陷其中。

"听闻先生的诗作，我就忍不住奏了这《潇湘云水》，希望先生不要介怀。"轻柔的声音伴着细碎的银铃声在身后响起，李商隐转过身来。

一袭白色纱裳抱着一把精致的古瑟盈盈而立，娇艳的容颜在望向李商隐时，脸颊立刻泛起了红润。李商隐有一瞬间的失神，在反应过来后，顿觉自己的失礼，慌忙说道："在下惶恐，是我的烦乱心绪打扰了小姐在这里练琴才是。"

女子轻笑着说道："刚听闻先生的诗，自知先生满腹经纶，却又感叹壮志难酬。想归隐江湖，却还没有干出一番事业。这鹓雏与腐鼠，更可见先生是个气节高远之人。"

"何以见得？"李商隐疑声反问。

女子低思片刻，开口说道："先生此诗引用了三个典故，其一是以贾谊和王粲比喻自己的不得志。贾谊在做梁王太傅时，曾写有《陈政事疏》，其中有'臣窃惟事势可为痛哭者一，可为流涕者二，可为长太息者六'的话。但贾谊后来仕途不顺，足可见他的意见并未被朝廷采纳，所以你才会说'虚垂涕'；而王粲避长安祸乱于荆州，依附荆州刺史刘表多年，也未得志。其曾于春日登城楼，作《登楼赋》以抒怀自己的远游不遇，足可见先生这是在自比。"

女子看着李商隐眼中流露出的惊讶之色，微微一笑，继续说道："其二先生引用的是春秋时期越国大夫范蠡功成之后辞官乘扁舟泛五湖的典故，先生也想晚年归隐江湖，可是却没有像范蠡那般做出一番事业来。这第三个典故则是引用庄子的《庄子·秋水》篇，其中说到惠子在梁国做宰相时，庄子去见他，有人便对惠子说庄子是想取代他的相位。惠子很恐慌，到处搜寻庄子，可是找了几天都未曾找到。这个时候庄子去见惠子，对他说，南方有一种鸟叫'鹓雏'。从南海飞到北海，不是梧桐树不栖息，不是干净的食物不吃，不是甘泉不饮。鸱得到一只腐鼠，看到鹓雏飞过，担心它会来抢它的腐鼠，就冲着鹓雏怒叫。庄子把相位比作腐鼠，鄙视惠子为了名利地位置朋友的情义于不顾，做出不仁不义之事。却不知超然自在的庄子早已看清官场是非，视其为腐鼠般无味。我猜想先生应该是抱有大志，却被追逐名利的世俗之辈所猜忌，故此才以诗表达自己的愤懑抑郁之情。"

女子的每一句话都重重地落在李商隐的心上，他瞪大了眼睛看着眼前的女子。清瘦的面容略显苍白，纤细的手指抱着怀中的锦瑟站在城楼之上。有风吹过，白纱飞扬，如入世的仙子。女子一双晶亮的眼睛看着李商隐，见李商隐目光复杂地看着她，不觉脸又一红，娇羞地低下头。

"小姐不仅乐技出众，更是饱读诗书。这让天下多少男子都不及，在下深深折服。"李商隐冲着女子深深地施了一礼，她懂他，一字不差地读懂了他的心思。李商隐忧郁的心里流淌过一丝暖意，这世间，有什么比被人理解更让人感动的呢？

女子伸出手欲扶施礼的李商隐，在手指碰触到李商隐粗糙的手时，顿时感觉自己的心跳漏了一拍。女子慌忙收回自己的手，声音细弱地说道："先生谬赞了，先生才华我自知不及万一。妄猜了先生的心思，还望先生不要介意。"

李商隐直起身子，有淡淡的女儿香飘过来。李商隐的思绪瞬间停止，木讷地站在那里。呆呆地凝望着女子，一句话也说不出口。

女子被盯得有些不自在，福了福身便抱着锦瑟离去。刚踏出两步，又突然停住脚步回过头来，对着李商隐说道："我叫晚晴。"

"晚晴。"看着女子白色的身影转过楼阁消失在拐角处，李商隐反复地呢喃着，风中有叮当的银铃声渐行渐远。

王晚晴是王茂元的小女儿，琴棋书画样样精通。尤其是那把锦瑟，一曲奏罢真是余音绕梁三日而不散。所以很受王茂元的疼爱，视其为掌上明珠。

李商隐自上次见过王晚晴之后，闲暇时眼前总是会浮现一抹白色身影和那微红含羞的面容。也许是因为王晚晴读懂了他的心事，虽然只有一面之缘，但这无形中已经让李商隐视她为知己。孤寂漂泊的李商隐渴望内心被理解，他怀念着那一刻温暖的感觉，总希望能再次遇到王晚晴，能与其好好地畅谈一番。

春雨绵绵洒落，滋润了万物，也淋湿了李商隐的心情。在幕府里他没有太多事情可做，同僚的排挤他早已淡然面对，可是心中依然有一份不甘在折磨着他。他想与人倾诉，却始终未看到自己想倾诉的人。

入夜，雨依然缠绵地落着。李商隐穿着白衣的夹衫独居在客室，却怎么也睡不着。他推开窗子，遥望远处高过树木而露出的红楼一角。那是王晚晴的闺楼，他临窗凝望，依稀可见有风吹动珠帘，于是灯影跳跃闪烁。原来她也未睡。李商隐微笑着，仿佛想起了什么，转身回到桌边，提起已经蘸好墨汁的笔。

有敲门声传来，李商隐放下笔墨未干的诗笺，起身开门，是韩瞻。

"我见房内有灯光，想来是李兄还未寝，过来看看。"韩瞻客气地说着。

李商隐将韩瞻请进屋中，倒了茶水递给韩瞻，问道："夜已渐深，畏之怎么还不睡？"

"我刚从岳父那里出来，路过这里，见你还没睡，便过来看看你。"韩瞻呷了口茶水，在放下杯子的时候，瞥见了桌上的纸笺。

李商隐也看到韩瞻发现了纸笺，想收起，却来不及了。韩瞻已经拿起纸笺诵读起来了：

春　雨

怅卧新春白袷衣，白门寥落意多违。

红楼隔雨相望冷，珠箔飘灯独自归。

远路应悲春晼晚，残宵犹得梦依稀。

玉铛缄札何由达，万里云罗一雁飞。

"李兄何来如此怅然的思念之情啊？"韩瞻捏着纸笺发笑，"李兄和衣而卧，却惆怅难眠。静听萧萧雨声，遥望寂寥的红楼。却苦于自己的书铛难送，真是相思情苦啊。"

面对韩瞻的戏谑，李商隐的脸色顿时变得尴尬起来。韩瞻只顾着看那首诗，也未曾留意李商隐的变化，依旧笑着说道："李兄的诗词真是好啊，此诗不见愁思，却是愁思百倍。细细读来，很难不被你这种淡淡的神伤所感染，让人感怀思念的痴痛。是什么样的女子让李兄写出如此的……"韩瞻的话硬生生地断掉了，他的目光落在了"红楼"二字。韩瞻抬起头来，不可思议地看向李商隐。那目光中有惊奇，有欣喜，有疑问，他在等待李商隐肯定自己心中的想法。

李商隐被韩瞻赤裸的目光看得一阵心慌，低头敛眉承认道："是，是七小姐……"

韩瞻闻言放肆地大笑起来，这一笑，便笑得李商隐心里更加的慌乱："韩兄莫要耻笑我了，我自知自己清贫，配不上七小姐……"

"李兄这是说的哪里话。"韩瞻止住了笑声，"我笑的是你在这边怅然想念，小妹在那边茶饭不思，你们倒真是一对儿啊。"

"啊？七小姐她茶饭不思？"李商隐诧异韩瞻的话，连声追问。

"嗯，采荷这几日跟我叨念小妹消瘦了不少。还以为是生病了，原来这害的是相思病啊。"采荷是王茂元的六女儿，韩瞻的妻子。因为排行老六，所以府中人也习惯叫她为"六姐"。

听闻这话，李商隐的心中划过一丝喜悦。原来他不是在独自思念，她的心里也想着他啊。

144

韩瞻神秘兮兮地将脑袋凑到李商隐面前，低声说道："我告诉你啊，其实小妹早就认识你。早在去年之时，放榜的东门口，小妹便在马车上见过你了。小妹是个心气高傲的人，若没有真才实学，是很难俘获她的芳心的。我听说那日你们在城楼上相遇之后，小妹便四处打听有关你的消息，可见她对你是别有用心哦。"

韩瞻留下一个意味深长的笑容，便转身走出了房间。待李商隐回过神时，连忙追出房去："畏之，你怎么拿走了我的诗笺？"

"这样的好诗，怎可一人独享？我当然是要拿给小妹去。"韩瞻头也不回地丢过来一句话，留得李商隐呆立在原地，不知道该如何是好。

当李商隐再次见到王茂元的时候，王茂元手捋着胡须冲他一个劲儿地笑。这种笑容让李商隐有些心慌意乱，他猜想韩瞻是不是把事情都讲给了王茂元听。如此这般，他又觉得自己身在幕府，王茂元待自己无微不至，如今又思念人家女儿，是不是太有失礼数呢？可转念又一想，王茂元还曾说过招自己做乘龙快婿，应该喜欢自己才是，因此不安的心境略为平稳一些。李商隐乖乖地站在王茂元身边，低垂着眼帘，也不敢乱说话。

"义山啊，你可知今日我叫你来是为何事？"王茂元喜眉笑目，连声音里都是笑意。

"晚生不知。"李商隐谦恭地拱手答道。

"义山今年多大了？"王茂元问道。

"二十六岁。"李商隐答道。

"二十六岁也到了成家的年纪了。"王茂元停顿了一下，咳嗽着嗓子。他很认真地看着李商隐说道："我想把晚晴许配给你。"

李商隐没有料到王茂元如此直白地就把婚事说了出来，毫无思想准备的他一时间愣了那里。

"怎么？你不愿意？"王茂元看着李商隐的样子疑惑地问道。畏之不是说他们早就两情相悦了吗？

"不，不是的。"李商隐见王茂元误解，连忙解释道，"七小姐才貌双全，晚生若能娶之为妻，定是前世修来的福分。只是婚姻大事，晚生并不敢做主。父亲虽然早逝，但晚生还有母亲健在。要论及婚姻大事，也要母亲同意才行。"李商隐句句恳切。

"百善孝为先，这个老夫没有意见。老夫给你一个月的时间，回家探访老母，并将此事询问好。"王茂元非但没有生气李商隐的言辞，反而更加欣赏他的孝道，特意准他一个月的假期去将此事办好。

二　终古苍梧哭翠华

回到荥阳老家的李商隐把自离开之后这半年来所发生的事都讲与

母亲听，最后提及王茂元要嫁晚晴于自己时，李商隐期待地望着母亲。可是李母却闭上了眼睛，许久都不曾说一句话。李商隐不知道母亲在想些什么，是不是她不同意这门亲事？李商隐的心情忐忑起来。

许久，李母才睁开眼睛，望着李商隐问道："义山啊，你喜欢那七小姐吗？"

"嗯。"李商隐点点头答道。"这半年多来，我虽与七小姐见面不多，但我能感觉到她的聪慧贤淑。她不但相貌美丽，而且才华出众。更重要的是她深知我的想法，懂得我的心，这也是孩儿为什么喜欢她的原因。"李商隐面对母亲，毫无保留地将自己心中的想法和盘托出。

"可是孩儿你有没有想过，你本是令狐楚的门生，令狐楚更是对你疼爱有加。可现在因王茂元的事已经开罪了令狐绹，如果现在你又要娶七小姐，做王茂元的女婿，你可知'牛党'的人会如何看你？他们会说你'背恩'，背弃令狐楚对你的栽培，对你的疼爱，他们会说你是个背信弃义之人！"

146

"孩儿并没有背恩！"李商隐听闻母亲的一席话，泪水盈上眼眶。"我不敢忘记恩师的教诲，一刻都不曾忘过。我之所以帮助王茂元，是因为他做的事是有利于百姓的事，我没有理由不帮他。我心中装的是大唐王朝的兴衰，大唐子民的福祸，却从没有想过自己是哪党哪派。这些都是那些无为小人的所猜所想、强加给孩儿的罪名。"李商隐说到自己的痛处，心中苍凉一片，便伏在母亲的膝头呜咽起来。

李母手抚着李商隐的头，叹声道："你是我身上掉下来的肉，为娘的岂有不懂自己孩儿的？娘只怕你遭受那些世俗的猜忌啊，要知道人言可畏，娘不想你太过委屈。"李母心疼自己膝头上的长子，从小到大，他吃了多少苦，可是他都默默地承受着，从不多言。

"我不怕。"李商隐抬起头，看着母亲的目光中充满坚定。

"既然如此，我也不干涉你的婚事。如果你愿意娶那七小姐，为娘的自然愿意看着你娶妻生子，为李家延续香火。"

博得母亲的同意后，李商隐连忙给泾原府去了一封信，将此事告之王茂元，王茂元大喜之余不忘回信叮嘱李商隐在家好好陪陪母亲。

这日李商隐正在院中陪母亲晒太阳，突然听到门口有马儿的嘶叫声，连忙开门去看。华丽的马车正停在他家门口处，轿帘一动，下来的正是一身白纱衣的王晚晴。王晚晴扶着小丫环的手跳下马车，抬头看到李商隐，脸不免一红，羞涩地低下头。

"七小姐？你怎么来了？"李商隐不敢相信自己的眼睛。

"是爹爹让我来的，爹爹说既然婚事已经定了下来，就让我过来看看，看看婆婆。"王晚晴说到这儿，整张脸红得跟那宝奁里的胭脂一般，声音也越发小了，"爹说婆婆年纪大，怕是不能舟车劳顿地去泾原，所以叫我先来探望一下。"

"真是太好了。"李商隐大喜，拉着王晚晴的手便往院中走，边走边喊道，"母亲，你看谁来了？"

李母站在院中，看着儿子身后那抹飘动着的白裙，盈盈落落一个碧玉佳人。李母拉过李商隐手中的王晚晴，仔细地打量着。娥眉淡扫，柳目低垂。娇俏的嘴巴紧闭着，似是紧张，纤细的手指紧紧地攥着手中的帕子。

"真是个美人胚子。"李母赞叹着，扯着王晚晴的手坐在椅子上与她闲话家常。王晚晴是个乖巧的女子，被李母问得答不上来时，那娇憨的模样惹得李母欢喜不止。有这样的女子能做她李家的儿媳，李母自然是乐得合不拢嘴。

因为有王茂元的允许，王晚晴在李商隐的家中逗留了一个月。这段时间里，王晚晴并不像千金小姐般娇贵，而是早上很早便起来与李母一起做家务，晚上她要等到李母睡去之后才肯休息，家中所有的事情都被她料理得井井有条。这倒是让李母很意外，毕竟她是个娇生惯养的大小姐。

"其实我母亲很早就去世了，我记事起便跟着父亲到处奔波。就连行军打仗，父亲都带着我。后来我渐渐长大了，父亲觉得我不再合适跟着他跑军营，便把我留在府中，并请些师傅教我识字习曲，还有女红。父亲虽然疼我，但却不溺爱我。小时候做错事情，父亲就罚我抄写《女诫》。如果再做错，就罚不许吃饭。"王晚晴靠着李母的身边回忆着。

"原来你也是一个苦命的孩子。"李母揽着王晚晴的头，让她靠近自己的心口，目光幽远地说道，"义山也是个苦命的孩子，他父亲去世那一年，他才十岁。瘦瘦小小的他扛着灵幡硬是从浙江走到荥阳，将他父亲的遗骨埋在了这里。我们孤儿寡母在这里落了脚，生活却窘迫得很。有一次我做工回来，发现他并不在家，丢下弟弟妹妹在家中哭闹，我又急又气。后来天很晚的时候他才回来，我一生气抬手就给了他一巴掌，责怪他不照看弟妹。可是义山这孩子倔强地没有掉一滴眼泪，而是将手中紧攥着的三个铜板交给我。那是他第一次出去做苦工挣的钱，他才十岁，却做着成年人要做的事情。可他从来不说苦不说累，也从不抱怨。义山隐忍的性格，便是从小吃苦得来的。"李母的话落进王晚晴的耳朵里，硬生生地砸痛了她的心。她突然很心疼这样的男子，没有理由。

转眼间已进入十月，王晚晴在荥阳与李母相处得颇为融洽，这让李商隐很感动。他还曾担心，怕母亲不喜欢这养在深闺中的千金小姐，如今看来他的疑虑是多余的。王晚晴的贤惠温婉，知书达礼，这让他感觉到欣慰。如今不仅是母亲喜欢她，弟弟妹妹更是对这个"大嫂"喜爱有加。

在荥阳的探亲假期因为王茂元的一封书信而终止，书信中并没有写明发生了什么事情，只是催促他们早些回去。李母见状也不挽留，

148

帮儿子整理好衣物，叮咛着晚晴一定要照顾好李商隐，便催着他们上路。王晚晴抱着李母，泪眼婆娑。这段时间以来，她们相处得如同母女。如今要分离，她怎么也舍不得离去。最后还是在李商隐的劝说下，王晚晴上了马车。在挥手告别的时候，李母褪下了手腕上的玉镯，把它带在王晚晴的手上："这是我当年嫁入李家的时候，婆婆戴在我手上的。如今我把它带在你的手上，你便是我李家的媳妇。你要照顾好义山，为李家开枝散叶。"

王晚晴哭成了泪人，语已不成句，只是不住地点头。泪水从眼角不断滑落，坠入泥土中，很快消失无形。王晚晴没有想到，她与李母的这次告别，竟然是永别。

李商隐带着王晚晴回到了泾原，刚到幕府，便被韩瞻带着去见王茂元。王茂元一脸凝重地坐在案前，李商隐也不知道发生了何事。眼神瞄向韩瞻，想问他到底发生了什么事。韩瞻很清楚李商隐目光的含义，见岳父没有言语，便开口说道："十月十六日，也就是七天以前，太子李永猝死。"

"什么？"李商隐瞪大眼睛，不敢相信。

"据说太子死时五官流血，四肢发青，死状惨不忍睹。有传言说太子是死于中毒，但是苦于没有证据，也只能不了了之。"韩瞻愤恨地攥紧拳头，能听到有骨头作响的声音。

"我曾听飞卿说过，太子生性敦厚，为人善交朋友，这样的太子怎么会被人所害呢？"李商隐记起少年时令狐绹与他讲过的敬宗皇帝之死，而如今太子又是这样莫名的被害。他的心中沉甸甸的，岂止是悲痛，那是对大唐王朝的一种深深的失望。

王茂元低沉着嗓子说道："李永的生母王德妃素来失宠，尽管儿子被立为太子，她也没有母凭子贵的荣耀。杨贤妃仗着皇上的恩宠，经常说王德妃的坏话。而王德妃死后，杨贤妃又开始日日进谗言。说太子生性顽劣，整日喜好游乐。不谙国家大事，实在难成大器。这谣言说得多了，也便成了真。上个月皇上临朝时曾气愤地对群臣说，太子顽劣不堪，难继大统。要废除太子，另立储君。当时宰相杨嗣复和李钰忙出来劝谏，说太子虽有过失，但终究是年少。待太子长大成人，一定会知错必改。储君乃是关系到一国之本，万万不可以轻易废立。而且皇上只有太子一儿，要是另立他人，当从长计议，以免遗恨终生。可是谁知只月余时间，太子便死了。"

"我还听说，当时朝堂之上皇上问仇士良要不要废立太子。当时仇士良冷言回道，说子不教，父之过；学不成，师之惰。太子荒废学业，整日沉迷玩乐，难道只是太子一人之错？皇上被问得哑口无言。后来宫中有传言说是杨贤妃害死太子的，但皇上对此充耳不闻，依旧宠爱杨贤妃。只是处斩了太医和宫女，下旨厚葬了太子。"韩瞻愤怒地一拳捶在桌子上，茶杯晃动着落在地上，瞬间变成碎片，散落成一地的残骸。

150

"这奸妃的事我也早有耳闻，却不想她居然敢谋害当朝太子。而皇上竟然被蒙蔽双眼，宠爱奸妃，忌惮宦官。这样的朝廷，何日才能光复我大唐盛世啊！"李商隐痛心地喊道。虽然李商隐的仕途一再波折不顺，可他依然对朝廷抱有幻想。希望有朝一日，皇上能够幡然醒悟，重拾威仪，整待山河。可是这种希望一次次燃起，又一次次被无情泯灭，李商隐觉得自己的心正在一点点破裂，如同那掉在地上的茶杯，残破不堪。

太子之死虽然在朝野上下都引起了轩然大波，许多忠良之士试图为太子平反昭雪。屡次谏言要查明真相，可是不知何故都被文宗压了下来。久而久之，众臣也心灰意冷，不再提及此事了。

而李商隐除了悲痛太子之死外，他心中还有一个牵挂，那便是温庭筠。他很清楚太子是死于宫中的政治斗争，而与太子生前交好的数十人不是被杀，就是被流放，全部消失殆尽。而温庭筠与太子向来交往密切，他很担心温庭筠的安危。他几次托人去长安打听情况，却始终没有温庭筠的消息。这让他在担心的同时，也有些放心，没有消息或许是一个好消息。

转眼年关将至，泾原节度使的府中一片喜气，王茂元将自己的小女儿嫁给了李商隐。

婚宴办得极其热闹，宾客的喧闹声融化了冬的寒冷，也融化了两颗年轻的心。所有的喜娘在新人的交杯酒饮尽之后退出，整个红艳的新房中，晚晴端坐在床边，任红盖头上的流苏盈盈摆摆地在眼前晃动，也不出一言。只是手指一遍遍地绞着丝帕，掩盖着她内心的紧张。

李商隐站在一身红装的晚晴面前，伸出的手指停顿了几次，终于还是揭开了那绣着大朵并蒂莲花的红盖头。王晚晴缓缓地抬起头，美目正好对上了李商隐深情的目光。霎时脸色一红，犹如她身上的红装，娇艳动人。

"晚晴。"李商隐拉起纤细的小手，温柔地唤道。

"夫君。"王晚晴羞涩地应着，轻柔的声音落进李商隐的耳朵里，便觉得有种酥麻的感觉在身体里游离。

"夫君，我想为你弹一首曲子。"王晚晴抽出手来，起身移步到琴案前，撩起衣摆轻轻落座。纤指拂过锦瑟，于是整间屋子里充满了珠圆玉润的乐音。

一曲停止，李商隐上前拉住晚晴的手，欣喜地说道："你不但琴技出众，这善解人意的心更是难得，这曲《良宵引》可是送给我们的新婚之礼？"

王晚晴红着脸颊点点头，可是再抬起时眼眸犹如蓄满的清泉，有波光闪动。

李商隐见状吓了一跳，刚才还娇羞聪慧的可人儿，为何转瞬间泪眼朦胧了？

"夫君，我有句话想问，可是问了却觉得不合时宜。但若不问，我就犹如骨鲠在喉，心无法安生。"

"到底是什么事？晚晴你不要这样，你问便是了。"李商隐心疼晚晴那可怜的模样，抬起手，准备拭去那美目中的晶莹。

王晚晴拦住了伸过来的手，说道："夫君可谓是名满天下的才子，不仅诗词被人传诵，就连、就连爱情也被人津津乐道。如今你我已是夫妻，我想知道她们、她们的情况。"晚晴说得越来越没有底气，问到最后，都没有勇气抬头看李商隐。

"岳父大人说你是个倔强的女子，看来还真是。"李商隐苦笑着用手指刮着妻子俏挺的鼻梁，无奈地说道。

"你问的是华阳和柳枝吧。"李商隐看着晚晴问道。

152

"嗯，夫君曾为她们写下一篇篇让世间女子痴盼一生都不得的诗文。我想知道，她们是怎样的女子。"晚晴点点头，低垂眼帘。她是真的想知道，那是她夫君的故事。可是她又害怕知道，怕知道后自己的心承受不了。但如果不问，她的心便总是揣着一件事，一件让她无法释怀的事。

李商隐拉着晚晴的手坐在床边，抚平晚晴略微皱起的眉头，缓缓地开口："柳枝是一个好女子，但却命苦。也许当年我若不失约，她后来也不会沦落风尘。柳枝痴爱了我一生，我却没能给她半点快乐。到后来我以为我考得了进士，应该可以带她脱离风尘之地，却不想她再也不会给我这样的机会了。而在她生命的最后时刻，我都不能陪在她的身边。而华阳，她是一个很美的女子，美得就像落入凡尘的仙子。我们很相爱，可是硬生生地被公主给拆散了。自那以后，我便再也没有见过她。我也曾多次打听她的消息，可是都一无所获。"

李商隐回忆这十年间的过往，犹似云烟，恍如隔世。在追忆的声声叹息里，仿佛前尘旧事的伤痛一并席卷而来，侵袭着四肢百骸，有着难言的痛楚。

晚晴温柔地靠在李商隐的怀里，轻轻地说道："我想我比她们都幸运，能够与夫君结为连理。可我依旧羡慕她们，因为她们比我早认识你，而且在你的生命中留下了不可取代的位置。我不会嫉妒她们，我会连同她们的爱，一起来爱你。"

李商隐低头亲吻着晚晴的秀发，呢喃着说道："你与她们都是不同的，你聪颖得如同我心里长出的一棵灵芝草。美丽善良，充满灵性。第一次见到你的时候，我便有着说不出的亲近感觉。如今能娶你为妻，我还有何不满足呢？"

晚晴听着李商隐的表白，心里感到无限的幸福。她没有权利选择在更早的时间遇见他，但是她可以选择在以后的生活中更加爱他。

那夜，红纱幔翻飞舞动，红烛跳跃的影子投射在一地华丽的衣裳上。明明暗暗的光影中弥漫着诱人的气息，锦被上的芙蓉花大朵大朵地绽开，一片旖旎风光。

人言道好事成双，李商隐新婚不久，便接到了朝廷的任令。任令他为秘书省校书郎，调补弘农尉。李商隐在接到任令之后，便与岳父王茂元商量。此去路途颇远，且不知情况如何，便想将娇妻留在泾原府，自己独自去上任。王晚晴自是不愿与李商隐分开，可是王茂元却不愿意女儿跟去。争来争去，最后王晚晴不得不听从父亲和夫君的意见，留守在泾原府，等李商隐在那边安定下来，再接她过去。

文宗开成四年（公元839年）五月，李商隐独自赴弘农县出任县尉之职。所谓的县尉，其实只是县令手下被驱使的一个小官。县令大人要审案，李商隐便负责把犯人提上来。待案情审完，李商隐再负责把人送回牢里。

这日李商隐下牢房去查点囚犯，突然有一个囚犯跪倒在他的面前，扯着他的衣角大喊冤枉。李商隐连忙扶起囚犯，让他慢慢说来。

原来这个囚犯曾经有一个貌美的妻子，因为无意间撞到了孙简的轿子而被孙简发现，便生了歹意。妻子被凌辱之后跑回家中便自杀了，他气愤地跑去大堂告状以替妻子报仇。可谁想县官说他是杀害妻子的凶手，并将他投进了死牢，这一关便是五年。

这孙简是陕虢观察使，而这弘农县正好是孙简的管辖范围之内。

囚犯声声泣泪，李商隐听得义愤填膺，怒言："如此冤案竟然没有人为你平反吗？任恶人逍遥法外？"李商隐答应帮囚犯书写状纸，呈上递交，为其洗脱冤情。

囚犯听言感激不尽，连连叩头谢恩。待李商隐从牢房中出来，有狱卒拦住了去路，狱卒道："李大人，我劝你还是别管这事了，管也没用的。"

"为何？"李商隐盯着狱卒黯然的表情问道。

154

"你是不知道啊，在这弘农县的几任县官，不是没有人管此事，而是这状纸呈上去之后都被拦了下来。这孙简是这一方观察使，在这里他最大，我们是治不了他的罪的。"狱卒一脸无奈的表情。

"真是岂有此理！那我就将状纸递送到大理寺，我就不信孙简还无法无天了！"李商隐怒火中烧，面对强权，他何时畏惧过！

狱卒见自己的劝告没有作用，也只好摇摇头走了。李商隐的一纸状辞果真送到了大理寺。可是没有等来大理寺的复审，却等来了孙简。

孙简身材略微矮小，却生得一脸的凶残模样。他一见李商隐，立刻命人将其绑了。指着李商隐大骂道："你一个小小的县尉来这弘农上任，不来拜我也就算了，还敢背后写黑状来告我，真是活得不耐烦了！"

李商隐被推倒在地，浑身上下挨了不少拳头。疼痛袭击着他的每条神经，却依然止不住他心中的愤怒："你这暴官，草菅人命还要诬陷他人，当真以为天下没有王法了吗？"

孙简气得咬牙切齿，道："别仗着你是王茂元的女婿我就不敢动你！"手一挥，落在李商隐身上的拳头更加密集与沉重。李商隐疼得说不出话来，可是双眼却紧紧盯着孙简，没有丝毫的退让。

县衙的所有官吏连忙跪地为李商隐求情，孙简也不想将事情闹大，一来这是关乎他自己的丑闻，二是王茂元也是一方官吏，这事真要是闹大了，他孙简也不好收场。见李商隐也被打得差不多了，就顺势收手，警告李商隐以后若再多事，定不会再放过，便带着众人扬长而去。

李商隐被打得不轻，躺在床上休养了几日方可下床。其间对于孙简的行径是越想越气，一怒之下，便留书一封挂印而去。

县令大人得知李商隐离去的消息，连忙快马加鞭去追赶。在拦住李商隐后，县令大人感慨地说道："李县尉你这一走了之是容易，可是这弘农县的数万百姓怎么办？这府衙内外多是孙简的犬牙，我已经是孤掌难鸣。好不容易盼来你这么一个可以为民请命的好官，如今你要是走了，我怎么办？他们怎么办？"

李商隐被县令大人的一席话说得自感惭愧，在县令大人的恳求之下，李商隐又回到了弘农县。只是得罪了孙简，他这个县尉也做不成了。时过不久，朝廷任命姚合为陕虢观察使，接替了孙简的位子。此时的姚合已有六十岁，性情洒脱，为人随和。他早就听说过李商隐的名气，虽然未曾谋面，但是他依然热情地恳请李商隐官复原职。李商隐没有拒绝，继续担任弘农县的县尉。可是素有大志的他面对一个从九品的小官职，如何能不自感神伤？同科考入进士的人均已身就要职，而自己却在这偏远地界做个小小的县尉，怀才不遇之感深深地折磨着他的心。

李商隐这边心情抑郁，而另一边的皇宫中，文宗的心情却是更加伤痛。

这日文宗在会宁殿看戏，正演到"童子爬竿"。一个彪形大汉在肩头上立起一根丈高的竹竿，有一五六岁的小童踩在壮汉的肩头，双手抱竿攀爬而上。小童灵活敏捷，在竿上不断地左右跳动，做着各种各样的动作。看得是人心悬提，惊叫连连。

　　而这个时候，有一个三十多岁的中年男子走到竿下。仰望着竿上的小童，表情惊惶。双手不时地张开，做随时欲接的模样。

　　文宗好奇地问左右的太监："那男子在做什么？"

　　一旁的仇士良冷冷地说道："那是小孩的父亲，在保护自己的儿子。"

　　这句话直直地刺进文宗的心里，他对望苍天，泪光凄楚道："朕贵为天子，连自己的儿子都保护不了。还不如平民百姓啊，真是可悲！"文宗再也没有心情看表演，令摆驾回宫。随后下令杀死了坊工刘楚才等数人，说是构害太子，予以处决。

156

　　这件事让文宗寝食不安，伤感成疾。他传来学士周墀问道："朕可比前代何人？"周墀回答道："皇上是一代贤君，自是可比尧舜。"文宗摇了摇头，说道："朕和周赧王、汉献帝相比如何？他们二人不过是受制于强藩，而朕却是受制于家奴，朕还不如他们啊。"

　　文宗的身子渐渐出现病态，可是太子之位却还是悬空的。杨贤妃与安王李溶素有私交，于是便常在文宗枕边吹风，要立安王为皇太弟。文宗召来宰相李珏和杨嗣复等官员商议，李珏说："立弟不如立侄，应该立敬宗之子陈王李成美为太子。"文宗自幼便与亲哥哥敬宗亲近，敬宗的英年早逝让文宗哀伤不已，他的整颗心全部倾注在敬宗长子李普的身上。教其习武识文，并请最好的先生授教。文宗曾一度想弃子立侄，可是李普突然患病而亡，更是让文宗悲痛万分。如今再立敬宗之子，文宗没有丝毫的犹豫。未出三日，便命李珏当殿宣旨，立李成美为太子。

　　文宗开成五年（公元840年）的正月二日，文宗突然病倒不起，这让朝中的局势立刻紧张起来。所有的目光都落在了皇嗣继承人的问题上，李成美虽为皇太子，但还未行册封大礼；另一边，杨贤妃伙同宰相杨嗣复和知枢密使刘弘逸等人密谋安王李溶为嗣。李溶是穆宗的第八子，生母不详。杨嗣复与杨贤妃是同宗姑侄关系，杨嗣复曾密谋杨贤妃："何不效仿武则天临朝称制的做法？"杨贤妃听闻立时欲望横生，遂与杨嗣复和刘弘逸等人共同谋划。然而皇宫中正在商议皇太子监国一事时，碰巧被仇士良听到。

于是仇士良与鱼弘志假传圣旨，率领神策军来到十六宅，迎接颍王李瀍入宫接旨。文宗迫于宦官的权势，只好改诏立颍王李瀍为皇太弟，临时执掌军国政事，而皇太子李成美则又封为陈王。

正月四日，文宗皇帝驾崩。皇太弟李瀍继皇帝位，为武宗。唐武宗一登基，立刻下旨将陈王李成美、安王李溶，以及杨贤妃一并赐死。而有拥立之功的右军中尉仇士良被封为楚国公，左军中尉鱼弘志被封为韩国公，太常卿催郸为户部尚书判度支（官职，掌管国家收入支出的一个官职），同时升为宰相。

而在立储之事中，拥立安王失败的知枢密刘弘逸和薛季稜奉命率禁军护送文宗灵驾赴章陵。二人与仇士良素来不合，如今统领禁军，正是反兵诛杀仇士良与鱼弘志的好机会。可是就在二人密谋准备兵戈相向的时候，却被卤簿使、兵部尚书王起和山陵使崔稜发觉。二人率领卤簿军先发制人，杀死了刘弘逸和薛季稜。而在京城的仙韶院副使尉迟璋也因此事造反而被仇士良诛杀，并满门抄斩。

杨嗣复和李珏为此丢掉了相位，仇士良等人劝武宗处死杨嗣复和李珏。群臣立谏，以"国朝先例，非恶逆显著，不杀大臣"为由，方才保住了杨嗣复和李珏的性命，但杨嗣复被贬为潮州刺史和湖南都团练观察使；李珏被贬为桂州刺史和桂管防御观察等使。

李商隐听闻文宗驾崩的消息，心中不住地哀叹。文宗在位，曾一心想挽救唐王朝的衰败，为此励精图治，但是大唐从兴盛到衰弱已是必然。他也曾经对文宗寄予很大的希望，但不管文宗如何勤俭治国，终是其志不遂而终了。李商隐的内心充满了悲凉和迷惘，于是赋诗一首寓怀文宗：

> 历览前贤国与家，成由勤俭破由奢。
>
> 何须琥珀方为枕，岂得真珠始是车。
>
> 运去不逢青海马，力穷难拔蜀山蛇。
>
> 几人曾预南薰曲，终古苍梧哭翠华。

朝廷政事经过这一赏一贬，紧张的局势渐渐恢复正常。武宗同样不满于仇士良等宦官把持朝政，聪明的他深知要选一位有领导才能的人作为宰相来统领南衙。这样才能渐次取代宦官势力，重整朝廷大权。武宗慎重考虑之后，调李德裕由淮南节度使为吏部尚书、同中书门下平章事，又兼门下侍郎；李绅由宣武节度使、汴州刺史代李德裕出任淮南节度使。

李德裕的得势让"牛李党争"发生了翻天覆地的变化，王茂元也因此官拜御史中丞，举家迁至京城；令狐绹因为父守孝三年未满，在此事中并未受到太大牵连。

三　茂陵秋雨病相如

公元841年，武宗改年号为会昌。元年五月，王茂元又被调任为陈许节度使。而李商隐则辞去弘农县县尉之职，转赴华州，放周墀的华州幕府，然而李商隐并没有在华州幕逗留太久。大约是第二年的春天，他便从华州赶回长安，参加书判拔萃科试，入为秘书省正字。

李商隐早在开成四年时便已出仕秘书省校书郎，而如今却为秘书省正字。按唐时的官吏编制，这校书郎官职是正九品上，而现在的秘书省正字却是正九品下。他这官职当的，非但没有升，反而降了，这让李商隐的心中产生极大的悲怆之感。

不管多么的无奈与悲愤，李商隐还得日日早朝面君。然而在面对满朝的文武百官，他一个小小的九品官员，真正是看尽脸色，受尽屈辱。幸好有姐夫韩瞻的照料，才不至于让他事事为难。

这日下了早朝，天气还算较早，韩瞻叫李商隐带上晚晴到自己府中聚一聚。韩瞻虽与李商隐同在长安，但两个府邸却相距甚远，所以平日里也难得凑到一起。王采荷今儿个特别高兴，亲自下厨烧了一桌子好菜。几人便围坐在桂堂，执酒畅言。

酒过三巡人微醉，李商隐忍不住将心中压抑太久的情感倾吐而出："若说我曾经在弘农任县尉时饱受委屈，那相比今日在朝为官，简直是不值一提。我一小小的九品芝麻官，在朝为官本是无人注目，可我偏偏受人挤对。我自认为处处小心，每日提心吊胆，如履薄冰，可是这样依然无法摆脱众官对我的刁难。我李商隐自觉没有做过任何对不起他们的事，为何要如此待我！"

"有些事情是注定要背负的，从某一时刻开始，便注定有这样的结局。义山，看开点，也许过些日子就会好起来的。"对李商隐的失意情绪，韩瞻话里有话地安慰着李商隐。他们同朝为官，很多事情他也只能是看在眼里，闷在心里。

"什么是早就注定？"李商隐眯缝着眼睛，手中的酒一饮而尽，"我心里很清楚，他们'牛党'的人视我为叛徒。我娶了晚晴，便是背弃恩师，背弃道义，瞧不起我；而'李党'的人更不愿与我这样的人为伍。"李商隐说到这，双手捂住胸口。那感觉似有一把无形的剑插在他的心头，他感觉自己要窒息了。

晚晴心疼地拉过李商隐的手，她知道他为官并不快乐，却不知他每日所发生之事。李商隐每次回家，从不向她提起外面之事。所以纵使晚晴再多猜测，也只能闷在心里，无从开口。如今，心爱的人如此痛楚的模样，她也深感难过。她只能温柔地守候着他，以她妻子最大的能力减少他的痛。

"义山也别太伤怀了，朝廷局势时时在变化。说不定过段时间你便会得到重用，以你的才华，这并不是难事。"韩瞻安慰着李商隐。武宗一向重视贤才，所以他说的也不是没有可能。

李商隐摇了摇头，低沉地说道："没有用的，世人皆知'牛李党争'，却没有人知我无党无派。夹缝生存，两边不得其好。想成就一番事业，真是难于上天。"酒入愁肠，只能是令愁者更愁。

"夫君切莫太过忧伤，自古很多贤才多波折。但最后还是会遇上贤君，终委以重任，夫君如今缺的不过是一个时机。"晚晴拉着李商隐的手语气温柔地开导着他。

"贤才？哈哈。"李商隐大笑，转过头凝视着晚晴，说道："你知道我在秘书省每日所干何事吗？我不过是他们在需要炫耀的时候，拿来彰显的荣耀。'大才子李商隐'，你知道这名头有多响亮吗？"李商隐自嘲地笑着，他一腔治世才华却被人拿来当物件一般显摆，这真是对他最大的侮辱。

"宣室求贤访逐臣，贾生才调更无伦。可怜夜半虚前席，不问苍生问鬼神。"李商隐迷离的眼神看着前方，口中不觉吟诵着。

韩瞻听罢李商隐的诗，也低沉着嗓音说道："未央宫前殿汉帝求才取贤，贾谊才华出众无人能比。可是汉帝开口询问的不是天下苍生，却问鬼神之事。义山此诗，莫不是以贾谊自比？"

晚晴微皱着眉头接过姐夫的话，说道："贾谊曾竭力主改革弊政，更是提出许多政治主张。但是却遭到谗言参谏而被贬流外，一生抑郁不得志。贾谊被贬之后却依然被汉帝召回问事，'不问苍生问鬼神'，夫君之意是鞭挞汉文帝有求贤之名，却无求贤之实。"

"知我者，晚晴也。"李商隐苦笑着说道，"贾谊满腹才学却不被重用，如我今日这般遭遇。汉文帝召他不过是为了满足自己的好奇心，而我也成了大家炫耀的玩物。此生抱负，何日才能施展；此世鸿志，何时才能实现啊！"李商隐不禁仰天哀叹。

"哎呀，我们一家人好不容易团聚一次，你们就不要说这些令人沮丧的事了。"六姐王采荷见大家一脸沉重的模样，连忙岔开话题。

"就是呀，我们难得聚在一起，别在想这些烦忧之事了。来，多吃些菜，都是采荷亲自烧的呢。"韩瞻附和着妻子的话，一边说着一边将菜夹到李商隐的碗中。

"要不，我们行酒令吧。"晚晴不想李商隐再提这些沉闷的事情，赶紧提议道。

"还是玩'送钩''射覆'吧，猜不中者就要罚酒。"六姐王采荷也跟着提议。

"好啊，猜不中者罚酒！"李商隐大声地附和。

月夜，有凉爽的风吹过。如墨的天空是星星点点的璀璨，温馨的桂堂里，是美酒绯红了青春的脸颊，还是红烛的光影映艳了年轻的容颜？先前的苦闷消匿在欢愉声中，直到有鼓声催人，直到东方泛起鱼白。

李商隐揉揉有些发痛的头，用清水洗了把脸，顿时精神了些。回想起昨日玩得愉悦，便笑自己真是太久没有玩得尽情了。突然灵感一来，李商隐立刻取来笔墨，笔走如风：

> 昨夜星辰昨夜风，画楼西畔桂堂东。
> 身无彩凤双飞翼，心有灵犀一点通。
> 隔座送钩春酒暖，分曹射覆蜡灯红。
> 嗟余听鼓应官去，走马兰台类转蓬。

"夫君这是在说与我心有灵犀吗？"王晚晴不知是何时走过来的，

看见李商隐落笔，便出声问道。

"当然了，我们隔座送酒。你却与我连连猜中，这不是心有灵犀是什么？"李商隐笑着用手指勾起晚晴尖俏的下巴，目光里全是宠溺的爱。

晚晴幸福地依偎着李商隐，口中低呢："所以，就算我们不能像彩凤那样比翼双飞又如何，我们的心灵早就相通了。"

李商隐笑着扶起晚晴，轻声说道："可是我现在要去秘书省当职了，不能再陪你了。"

晚晴乖巧地点点头，温柔地说道："我送你出门。"

回想起我们再次相遇的时候，是站在长长的走廊里。那个时候有风吹过，你的发丝盈盈飘起。漫天灿烂的星斗，映在你的眸子里，你的寂寞与忧伤烙在我心里。我们藏在画楼西边的桂堂里，你的低诉一点点地扯痛着我的心。我真的思念过你，也许就在你思念我的时候。虽然我们没有像凤凰那样漂亮的翅膀，但我相信我们的心是相通的。那日的宴会上，我的目光越过一排排的坐席，越过行着酒令的官吏看向你。你的脸掩映在跳跃的烛光中，红润而美丽。我多么想和你一直这样待下去，可是你听，那鼓声又在催我了，我得去当差了。这便是我的命运，像那飘飞的蓬絮，随风辗转在各个官府之间。

会昌二年（公元842年）冬天，李商隐因为母亲的去世而停职返回故乡。李商隐带着晚晴回到了荥阳，母亲的去世让他悲痛不已，而一身孝服的晚晴更是泪水涟涟。与婆婆上次一别，她还未曾尽过孝道，婆婆便这样去了。低头看着手腕上戴着的玉镯，那还是婆婆亲手为她戴上的。如今睹物思人，晚晴悲伤地晕厥过去。

会昌三年（公元843年）四月，昭义节度使刘从谏病死。其侄刘积想效仿河朔三镇惯例，要袭任节度使之职。此事发生后，朝廷哗然。

对于藩镇叛乱仍心有余悸的大臣们主张息事宁人，劝皇帝答应刘稹的要求。只有李德裕等少数大臣坚决反对，主张对刘稹用兵讨之。

李德裕说："刘稹想袭任节度使之位，如果真准了他，他便会依靠成德和魏博两镇的援助而肆无忌惮。只要成德和魏博这两镇不参与战事，刘稹就会势单力薄。我们再派兵去征讨，定能诛之。"

"那如何才能让两镇不参与战事？"武宗问道。

"只要我们进军邢州、洺州和磁州这三州，对有功之士给予重赏。这样两镇自会衡量利弊，听命朝廷。"李德裕回道。

武宗同意了李德裕的谏言，立刻起草诏书，令成德节度使王元逵为泽潞北面招讨使，魏博节度使何弘敬为南面招讨使。并令王茂元、刘沔和陈夷等人一同出军，合力讨伐刘稹。

七月，各路兵马一齐进发直扑昭义。可是才开战仅两个月时，便传来了王茂元病逝的消息。李商隐接到韩瞻的来信，立刻带着晚晴赶往长安去处理岳父的丧事。

晚晴自幼丧母，从小就跟着父亲东征西讨，这份感情可以说是无从替代。父亲病逝的消息犹如天塌一般，晚晴当时便晕厥过去，再醒来时已经是在回长安的马车上。晚晴靠在李商隐的怀里，一语不发，只是默默地流泪。哭累了就沉睡过去，而醒来时便又是泪眼朦胧。李商隐看着日渐消瘦的妻子，心中的疼痛一阵儿压过一阵儿。

"父亲去了，你还有我啊，你不要再这样不吃不喝地折磨自己了。"李商隐心疼地搂着怀里瘦如干柴的妻子，哽咽着说道。

晚晴靠着李商隐，声音嘶哑而断续："如果……如果父亲不去征讨叛乱，是不是就不会死？"

"岳父大人一辈子东征西讨，如今有叛军乱国，他怎么可能坐视不理呢？"李商隐幽幽地说道。

"为什么总是有叛乱呢？父亲一辈子都在打仗，老来还是要带兵出征，为什么就不能安安生生地过个晚年呢？"晚晴的泪水又一次滑落，她不懂，为什么战争永远都不能停息。

自腮边滑落的泪水渗进李商隐的衣服里，硬生生地冰透了他的心："岳父大人出身将门，英勇善战。以谋略知名，更是以仁善扬名。不管是招抚少数民族部落，还是散尽家财以资军饷，他做的一切都是为了百姓。如今昭义又起乱事，他怎么能看着一方百姓受苦呢？对于一个行军打仗一辈子的人来说，或许他更愿意战死在沙场上吧！"

王茂元是去了，可是昭义的战事却没有随之而去。会昌四年正月，朝廷在调度太原横水兵马时，因为赏赐不足而引起兵变。众兵将推举杨弁为首，将太原节度使李石逐出，抢先攻占了太原城，并与刘稹结盟为异姓兄弟。消息传来时，朝议喧嚷。武宗派中使马元实去太原探查虚实，谁料马元实接受了杨弁的贿赂。回到朝中的马元实大肆宣扬杨弁，说其兵多将广，粮草充足。战甲兵矛皆闪亮夺目，上言不可讨伐。于是有百官呼应，主张太原与泽潞应罢兵言和。可是李德裕上奏说："杨弁一卑贱小人，趁战乱起事，决不可宽恕。如果现在国力不足，那可以先放弃刘稹，但一定要灭杨弁。"武宗讷李德裕之谏，调兵攻打杨弁。不出数月，杨弁兵败，这样更坚定了众人讨伐刘稹的信心。

七月，邢州刺史裴向、洺州刺史王钊及磁州刺史安玉等人抵挡不住王元逵和何弘敬两镇大军的压力，开门投降。八月，三州投降的消息传到泽、潞两州，叛军惊骇。征伐大军的节节胜利，致使叛军内部分歧不断。眼看大势已去，潞州大将郭谊和王协等人密谋杀死刘稹以自赎。他们利用刘稹的亲信董可武诱骗刘稹交出兵权，然后将其杀死，取其首级来迎接征伐大军的到来。这场历时十三个月的昭义之乱，终于彻底平定，收复了五州三十一县。

李商隐以收复昭义镇胜利的消息来祭告戎马一生的岳父，随后移家永乐县闲居。

164

服丧闲居的日子并没有太多事情可做，李商隐便倾心陪伴妻子晚晴。这日，晚晴抱着一叠书信走了进来。

"这些都是同僚们寄来的慰问书信，"李商隐一边拆阅一边说道，"多是些礼节性的问候。"

"那我也帮你拆。"晚晴温柔贤淑，边说边拿起一封信拆开，说："这是刘蕡寄来的，信中叮嘱夫君切莫太过悲伤。死者已矣，要你保重好身体。信中还说，待服丧期满后，速回秘书省任职呢。"

"嗯，在秘书省的时候，就属刘蕡与我关系最好。刘蕡是个刚正不阿的人，素来不与那些世俗小人为伍。只是其身世也有诸多与我相同之处，这也许是让我们彼此相惜的原因吧。"李商隐说道，对于刘蕡，他心中更多的情愫是感激。

晚晴温婉一笑，继续帮忙拆阅书信。

"这……"晚晴惊异的出声，手指捏着的信不断地颤抖。

"怎么了？"李商隐察觉到了妻子的异样，连忙问道。

"是……是令狐绹的来信。"

"令狐兄的信？快给我看看！"李商隐闻言，心中一阵惊喜。自从那年他去了泾原入了岳父的幕府，令狐绹便与他断绝了联系。即使后来他入了秘书省上朝为官，令狐绹都是视他为无物，从不理睬。有很多次，李商隐都曾冲动地想拉住令狐绹，一吐心中之事。可是面对令狐绹冰冷的眼神时，他又退缩了，那是拒人于千里之外的冷漠。

"他的信中说什么？"晚晴看着夫君的沉重的表情，轻声问道。

"和普通同僚的信一样，是些节哀顺变，保重身体之类的话。"李商隐将信贴在心口处，轻闭上眼睛靠在椅背上，一脸的疲惫模样。

晚晴张张嘴想说些什么，却看到他眼角有泪水溢出，便不再出声。她善解人意地取来笔墨，便退出了房间。

李商隐把自己关在房间整整一夜，他在给令狐绹写回信。回信很长很长，追忆了他们年少时欢愉的岁月，以及一路走过来的种种误会。李商隐写得极其恳切，将这些年以来自己心中的所感所悟一一道来。末了，又赋诗一首：

《寄令狐郎中》

嵩云秦树久离居，双鲤迢迢一纸书。

休问梁园旧宾客，茂陵秋雨病相如。

　　李商隐反复地检查书信，见没有任何不妥之处，才小心地封口寄出。他想令狐绹终是会谅解他的，会明白他嵩山与秦川这天各一方的思念，会明白他旧客生活的甘苦，会明白他如司马相如般多病的身体。故交旧恩之情，他都会明白的。

　　在寄出书信之后，李商隐便日日期盼着令狐绹的回信。此时的令狐绹任右司郎中，不知是因为公务繁忙未回，还是书信在途中出了变故，李商隐始终没有收到回信。

　　李商隐在服丧期满后，重返秘书省正字职。他满心欢喜地以为可以再见令狐绹。然而令狐绹调任湖州刺史多时，已离开长安了。李商隐有些失落。但转念想也许自己的信在辗转之中丢失了，令狐绹并没有收到。这样想着，李商隐的心便释然了些。他再次提笔给令狐绹写信，他想对方总是会收到自己的信的。

　　作为京师的长安本应是一派灿若繁花的热闹景象，然而此时的长安却是低迷沉重的氛围。原因是武宗皇帝发布了灭佛诏书，诏书曰："朕闻三代以前，未尝言佛，汉魏之后，佛教浸兴。因缘染日，蔓衍滋多。以至于蠹耗国风，诱惑人意。坏法害人，无逾此道。今天下僧尼不可胜数，皆待农而食，待蚕而衣。寺宇招提，莫知纪极。弊之可革，断在不疑。惩千古之蠹源，成百王之典法。济物利众，予何让焉！"一纸诏书颁布，一场全国性的灭佛运动迅速地展开。各地多处寺庙被拆毁，很多僧尼遭到驱逐。一时间人心恐慌，社会沸腾。

武宗的这次灭佛运动取得了很大的成果，有二十万的僧尼被勒令回乡参加劳作，十五万的奴婢恢复自由。收复十万顷寺庙所占土地，并收缴铜像和钟磬等送归盐钱使铸钱，铁佛像送去铸造农器……灭佛运动的胜利，不但减少了百姓的负担，更是增加了土地与劳作。税源得到增加，朝廷的国力便得到巩固，这便是史上有名的"会昌灭佛"。

武宗灭佛运动的成功得到百姓的称赞，然而他自己却深陷另一个歧途之中。

武宗企图恢复国教——道教，他想用道教来压制佛教的盛行；另一个原因则是历代皇帝都有寻求长生不死的想法。而长生不死，则要修仙才行，这也是武宗亲近道教的另一个原因。

会昌五年（公元845年）正月，武宗将赵归真等八十一位道士召入宫中，并在三殿修金箓道场。还曾亲临三殿，向他们询问求仙之术。当时，有谏官王哲上疏制止，但武宗却对此置之不理。武宗一心向道，下令大修道观。并封衡山道士刘玄靖为银青光禄大夫，充崇文馆学士，赐号"广成先生"。

赵归真命手下的小道士为武宗修炼长生不老仙药，在炼制数月之后，武宗终于见到了仙丹——合金丹。在服用之后，武宗感觉精神百倍，欲望大增，一夜间可御女数人。为此武宗对赵归真更是深信不疑，然而在如此的服药与泄欲之间，武宗的身体明显地消瘦，形同枯槁。

当时武宗最宠幸的后宫女人是王才人。此女入宫很早，为人聪明机警，深受武宗的喜爱。王才人曾劝阻武宗道："皇上服用丹药无非是想长生不老，可是这药越吃越是消瘦，如此下去怎么行呢？皇上还是小心谨慎少服用为妙。"

然而武宗并不听劝阻，还说道："这正是在脱胎换骨的期间，不碍事的。"武宗越服用丹药越是病情严重，最终变得狂躁不安，喜怒无常。不久之后，武宗丧失了说话的能力，从此便不能早朝。

由于李德裕专理朝政事务，无暇顾及这禁宫之事。未料左神策中尉马元贽等宦官密布心腹，定策禁中，传出圣旨立光王李怡为皇太叔。

会昌六年（公元846年）三月二十三日，武宗终于因为久食丹药而中毒太深驾崩于长安大明宫中。武宗病逝，这位皇太叔理所当然地登上了皇帝位。李怡继位之后，改名为"李忱"，称"宣宗皇帝"。

提起这位宣宗皇帝，他的出身还真有点儿奇特。宣宗的母亲郑氏原是浙西节度使李锜的爱妾，李锜谋反被诛，其家眷没入掖廷。但由于郑氏年轻貌美，为宪宗所喜爱。于是又被复选入后宫，生下李忱，排名第十三。这位十三皇子自幼便有口吃的毛病，所以很少说话。总是一副不苟言笑的模样，所以宫中很多人传言说这个十三皇子是个傻子。穆宗在位时，封李忱为光王。然而穆宗的两个儿子，文宗和武宗都不拿他这个皇叔当回事儿，并经常以戏弄他的痴傻为乐。李忱对此面无表情，不说不笑，始终都是一副呆傻的模样。

李忱这个"捡来"的皇位也正是因为他的痴傻，马元贽等人拥立他为皇帝，本以为他是个痴儿，将来容易控制。然而在李忱登基之后，一反往常的痴呆性格。接待群臣，处理朝政，独断乾坤。这时候文武百官才恍然大悟，宣宗韬光养晦，是个有心计之人，他的呆傻是装出来的。

宣宗继位，便命李德裕摄行冢宰事，奉上册宝。待礼成之后，宣宗对左右大臣问道："这个刚奉册的大臣，就是李太尉吗？他每次看我，都使我不寒而栗。"

李德裕闻言连忙跪拜，而众臣亦是惊恐。宣宗的这几句陈词，也算是给李德裕的一个暗示吧。事过不久，李德裕便遭到贬职。

宣宗继位后的另一件事就是尊自己的生母郑氏为皇太后，并追赠为武宗殉葬的王才人为贤妃，与武宗同葬于端陵。

宣宗本是以皇太叔的身份继位的，可是他并不承认自己是武宗的继承人，而是宣称自己是父皇宪宗的继承人。宣宗指责哥哥穆宗是大逆不道，就连他的三个儿子，敬宗、文宗和武宗也都被他指责称为逆子。所以他即位后否定了一切武宗时期的政治策略，罢免李德裕的相位。而是由与李党对立的牛党中人白敏中身居宰相位，李让夷等诸多李党中身居要职者都被免职。宣宗的这一决定，无疑使晚唐时的牛李党争进一步加剧。

李商隐身在秘书省，亲眼见证了朝廷局势的变化。对于武宗求仙之死，写下了讥讽求仙之作《茂陵》、《瑶池》和《海上》等。而面对党争，他除了深感沉痛惋惜之外，也着实没有能力再改变什么了。

四　自此无心入武关

八月，碧空万里，空气燥热，知了倚在树叶的背阴处没完没了地叫着。李商隐在走廊处来回踱步，心情比那知了还要烦躁。

韩瞻看着李商隐焦急的样子，忍不住安慰他："你不用太担心，产婆请的是这京城里最好的。而且有采荷在里面帮忙，不会有事的。"

"我知道六姐在里面，可是我还是忍不住担心。"李商隐皱着眉头，听着里面晚晴一声接着一声的哀叫，心头就像压着千斤重担。

"女人生孩子都是这样的，当初采荷分娩那阵儿，我比你还紧张。"韩瞻笑看着李商隐说道。

李商隐勉强地笑笑，那强挤出的笑容简直比哭还难看。韩瞻望之，忍不住偷笑。

正在李商隐紧张得无以复加的时候，屋内有"哇哇"地啼哭声传来，李商隐紧着的眉头终于舒展开了。刚要推门进去，便看到六姐从里面打开门出来。

"晚晴她还好吗？"李商隐焦急地问着。

"嗯，晚晴她生了个儿子，母子平安。"六姐欢快地说道，脸上的笑容成了一朵花。

"啊！我当爹了！我有儿子了！"李商隐激动地拉着韩瞻的手大叫着。随后又像想起了什么，转身往屋里跑去。

"晚晴，真是辛苦你了。"李商隐一手怀抱着娇儿，一手拉着晚晴的手温柔地说道。

晚晴虚弱地躺在床上，看着李商隐开心的样子，勉强露出一个笑容。这大半年来，夫君整天闷闷不乐。如今这个孩子的出世，总算可以看到他欢喜的模样了。

"他长得像谁？"晚晴欲起身看看襁褓中的婴儿。

"你不要动，我抱给你看。"李商隐阻止了晚晴起身，俯身将小小的襁褓放置晚晴的边上，说道："这精致的眉眼儿简直是和你一个模子里刻出来的，像极了你。"

晚晴的手指拂过婴儿细嫩的皮肤，那沉睡的小模样真是惹人喜爱。这是她怀胎十月的结果，是他们爱情的结晶，晚晴的心里无限甜蜜。

"你快给他起个名字吧，我们的儿子。"晚晴望着李商隐，一脸的幸福。

"就叫'衮师'吧，希望他长大以后福禄丰厚。"李商隐说道。然而另一层含义他没有说出口，他希望他的儿子将来可以位列三公，不要再像他的仕途这般波折苦命。

李商隐想把这个好消息告诉令狐绹，可是令狐绹一直在外为官，府中只有老管家张伯在看守。张伯年迈，并不受令狐绹这个少主的喜欢。但念他这一辈子都在服侍令狐家，所以令狐绹也没有赶走他，只是任他在府上终老。

李商隐在和张伯说起自己有儿子的时候，张伯拉着李商隐的手笑着说："恭喜，如果老爷知道这个消息，他一定会替你高兴的。"

李商隐怔怔地呆住了，张伯提起了令狐楚，那个曾经一度厚爱他的人。而如今能够在他面前提起恩师的人，怕是只有张伯了。李商隐陪着张伯坐在院子里，听着他碎碎念地说着那些恍如隔世的往事。直到太阳落山，李商隐才告别张伯返回府中。时过境迁，物是人非，多少事都在风雨沧桑中变换。有多少人在乎，又有多少人无所谓。李商隐的心情如那徐徐落下的夕阳，静谧中透出无限忧伤。

宣宗大中元年（公元847年）二月，陈铺、杨乘、刘瞻、李羲叟和崔滔等二十三人进士及第。消息传来，李商隐大喜，连忙上书上诗献于礼部侍郎魏扶，大赞羲叟并望其能知人善用，然而这个举动并没有取得任何的成效。

李商隐颇有些失意地从秘书省出来，低头思量间不小心撞到了一个人，抬头仰望竟发现是自己多年不见的好友温庭筠。

温庭筠看到李商隐，也是一脸惊喜。两人挑了个干净的酒楼，择了个靠窗的位子坐下，点好酒菜便开始叙旧。

"飞卿，这几年你跑到哪里去了？害得我找了你好久，真是担心不已。"李商隐看着温庭筠，几年不见，他苍老了许多。

温庭筠斟满酒杯，未开口便先饮了三杯。待解了酒瘾，才开口说道："这事不说你也知道，当年庄恪太子之事把我也牵扯进去了。当时很多相熟的朋友不是被杀就是被流放了，幸好宫中有人提前通知了我，我才逃了出去。之后便躲在老家不敢出来，直到后来武宗皇帝继位后赐死了杨妃几个奸佞，我才再次出来。"

"能躲过这次大难便好，你不知道，当时听闻这个消息的时候我刚好在泾原，生怕你出什么事。如今能再坐在一起喝酒，真的是件值得庆贺的事情。"李商隐举起酒杯，与温庭筠轻碰，便一饮而尽。

"你知道吗？现在我都已经当爹了。"李商隐不想再提及那些令人沉痛的旧事，连忙将自己最大的喜事告于温庭筠。

"哦？是吗？这真是件高兴的事情。"温庭筠端起酒杯敬向李商隐，语气轻快，可是目光却是掩不住的寂寞。

也许是经历了太多。李商隐暗自想着，并不在意那寂寞的目光。

酒，被喝掉了一壶又一壶，天色已从早时的落日黄昏变成了夜色无边。

"你知道吗？当年我来长安科场，落榜之后，就是坐在这里与白老一起喝酒的。"李商隐迷离的目光望着温庭筠说道，酒饮多了之后，总是会勾起一些往事来。

"白老？白老是个好人，可以堪称一代才子。只可惜，可惜他不在了。"温庭筠低缓地说道。他手握酒杯，目光沉浸在杯中倒映着的月影。微小的动作引起圈圈涟漪，碎了一杯圆润的月光。

"你说什么？"李商隐诧异地问道。他怀疑自己听错了。

"白老不在了，你不知道吗？"温庭筠收回望着杯子的目光，疑问着抬头看向李商隐。

"是……是什么时候的事情？"

"去年的八月，那时我刚好在洛阳。得知白老隐居在香山，时常招呼一些宾客来到家中赏景抚琴，饮酒赋诗。后来我去拜访白老，在酒宴间他还和我提及你呢，可谁知月余后白老就去了呢。"温庭筠缓缓道来，目光悠长，仿佛又回到了与白老畅言时的情景。

"去年八月……的什么日子？"李商隐的心猛地揪紧了，望着温庭筠的目光满是悲凄。

"八月十五，中秋月圆的时候。"

"啪"的一声，李商隐手中的杯子应声坠到地上，瞬间变成碎片。

"怎么了？"温庭筠看着李商隐呆滞的表情，连忙问道。

"八月十五，正是我儿衮师出生的日子。"李商隐哽咽着，有些语不成句。

"嗯？"温庭筠不解地疑问。

李商隐闭上眼睛，与白老在这酒楼相聚时的情景不断地闪现在脑海里，心在回忆中一阵阵地痛。过了许久，李商隐才睁开眼睛，望着凝视他的温庭筠问道："飞卿，你相信人有转世轮回之说吗？"

温庭筠摇了摇头，这些鬼信之说和轮回转世，都是那些佛教和道教用来哄骗人的，否则为何不见有人飞天成仙呢？

李商隐看着温庭筠，仿佛看到那日白老正坐在他对面冲着他微笑，抛却浮华的笑容背后是那句："如有来世，我愿为你子。"

李商隐突然地笑出声来："以前我也不相信，可是现在，我宁愿选择相信，人真的会有来世。"

李商隐回到家中时，晚晴正要哄着衮师入睡。小衮师看到父亲回来，顿时睡意全无。黑溜溜的眼睛始终盯着李商隐，不时发出笑声。李商隐宠溺地看着自己的儿子，对晚晴说道："我相信他就是白老的转世，以后我们就叫他'白老'吧。"

晚晴看着夫君一脸认真的模样，忍不住笑了起来。她不相信自己的儿子会是白老转世，只是她也不揭穿。她明白，这也算是夫君对故友的一种怀念方式吧。

李商隐回到秘书省复职不知不觉也有一年时间了，这段时间与之前在秘书省任职并没有两样。他依旧是处在牛李党争的夹缝之中，时常被一种莫名的无力感所侵袭。

刘蕡接到调令，被调到柳州任参军。李商隐听到消息后，急切地寻找刘蕡，最后他在秘书省的议事厅里看到刘蕡正一个人坐着发呆。

"怎么会被调到柳州呢？"李商隐迟疑着问道。

刘蕡冷笑了一声，连声音都是冷冷的："我这种人，不会趋炎附势，不为私利妥协，留在这京城总是会碍到他们的事的。"

李商隐沉默着，他不知道该如何安慰刘蕡。他一直以为，像刘蕡这种刚直不阿、满腹治国韬略的人，总是会得到重用的。宣宗登基，大肆调换朝廷人员。他曾以为这会是一个好的开始，却最终还是想错了。

"这京城早就不是我们这种人的立足之地了，如果可以，你也离开京城去地方寻求个一官半职吧。待在这里久了，指不定会生出什么事端来。"刘蕡说这话的时候没有看向李商隐，那低沉的语调像是从遥远处飘过来的，缓缓慢慢。细细听来，竟有很多的无奈。

刘蕡说这些话，并不是没有道理的，李商隐的夹缝生存他看得清清楚楚。在朝为官，却身受两派排挤。这样长久下去，早晚会出事的。

"我早就想离开这里了，只是衮师还小，我不忍心丢下他和晚晴去外地。"李商隐缓缓开口，他也有他的无可奈何啊。

刘蕡长叹一口气，向李商隐说道："我有一个好友叫郑亚，现在刚好出任桂州刺史和桂管防御观察使。如果哪天你在这长安待不下去了，就去找他。"

"这个郑亚我也认识，算起来我们还是同乡呢。月初他被调任时我曾送过他，他很欣赏我，还邀请我入他的幕府。只是当时我考虑自己的妻儿问题，没有答应他。如果哪天真的待不下去，我会考虑的。"李商隐说得很认真。

"那就好。"刘蕡点点头，这京城，已经没有什么让他留恋的了。

李商隐送别了刘蕡，心情低落地回到家中，晚晴正抱着衮师站在门口望他回来。不管多烦闷的心情，李商隐在看到衮师的时候，全部都一扫而光。

"白老，白老。"李商隐抱着衮师亲切地叫着。

已经有半岁多的衮师开始咿呀地学语了，李商隐经常抱着衮师说道："你要是有白老百分之一的才华，我便知足了。"

晚晴看着玩累的衮师沉睡在李商隐的怀中，便接过来将他放在床上。回头看着李商隐站立在门口，仰望天空。有夕阳的余晖照射进来，将李商隐干瘦的背影镀上了一层金边，显得格外的落寞。

晚晴从后面环抱住李商隐，将身子靠在那落寞的背上，温柔地说道："我知道你在秘书省的差事做得并不开心，别太委屈自己了。

六姐夫把一切都告诉我了，你尽管放心地去郑亚那里，我会照顾好白老的。"

李商隐转过身来，将晚晴揽在怀里，语气里满是担忧："白老还这么小，你的身子骨又很弱，我怎么能放心远走呢？"

"你尽管去就是了，我不想牵绊你。再说，我已和六姐商量好了。你要是走了，我便带着白老搬到六姐那里去住。有六姐和六姐夫一起照看，你还有什么不放心的呢？"晚晴温婉的眼神看着李商隐，她深知自己的夫君，她不想成为他的累赘。

李商隐心疼地抱起怀中的女子，她又轻了不少。自从嫁给他，她便整日操劳他的生活起居，不管有多累，她都从不向他抱怨一句。在他几度失意的时候，她总是能轻易地了解到他的心事。不管他做什么，她都会站在背后默默地支持他。能娶此贤妻，李商隐感觉自己曲折的一生也不是一无是处。

李商隐在晚晴恋恋不舍的目光中选择南下桂州追寻郑亚，郑亚对李商隐极其看重。刚到桂州，郑亚便聘李商隐为掌书记。这是一个从六品的上阶官职，仅次于正观察使和副观察使。

李商隐在郑亚的幕府安心地做事，闲暇时候便想起远在长安的妻儿。他在每次的家书中都会把在桂州点点滴滴的小事告诉晚晴，比如在这如山水画般的小城里，有很多异族姑娘。她们美丽热情，可是他从不对她们侧目。他看到有咿呀学步的小孩子，便会想起衮师来。

晚晴在回信中总是会将衮师的近况详细地告诉他，衮师开始会叫爹和娘了；衮师能独自走路了，虽然还不是很安稳；衮师会抓起他案上的毛笔开始涂鸦了……每每读到这些，李商隐都恨不得马上飞回遥远的长安，他的思念在与日俱增。晚晴是个细致的女子，每封信中她都会附上自己小小的心思。秋天时是菊花，冬天时是梅花，春天时则会变成柳絮，而夏天时又会是小小的莲花瓣……她在暗暗地传达着自己的思念之情，从春到秋，从冬到夏。

在写信与等信的日子里，李商隐通常会倚在城楼上望天，他自己也不知道何时养成这样的习惯。只是很多心情低闷的时候，抬头望着湛蓝的天空，他便觉得自己的心像那被风扫过的天空一样，所有的心事都像一朵一朵被风吹远的云一样。有时候郑亚会站在城楼上陪着他一起仰望天空，以同样一种寂寞的姿势。不需要言语，却足以心灵相通。

"如果是生在盛世，我们会不会登阁拜相？可是生逢这样的乱世，却只能沦落到在这里仰望天空来得一方宁静。"李商隐悠悠地说着，像是在问郑亚，又像是在自言自语。

"登阁拜相又如何？老夫这一辈子随着党争起起落落，早就看透了官场阴暗。功名不过是眼前这浮动的云烟，老夫已是一把年纪，还有几年时间可以过活？我早就不在乎这些了。"

李商隐静静地思量着郑亚的话，也许他说的是对的。把人生看得透彻一些，或许可以减少很多的烦恼。可是功名对他来说真的不重要吗？他的高才远志曾一度地渴望得到施展，就算他能看透人生，但真的能做到舍弃吗？能忍心舍弃他多年的愿望吗？

然而看透人生并不意味着能预料人生，郑亚在桂州只做了一年的节度使，便迎来了朝廷的另一道诏书——被贬为循州刺史。

"昭州有一个郡守的空缺，本来我不想让你去那个地方，可如今我被贬循州。现在相比起来，昭州还是要好得多。我已经安排好了，过些天你就过去任职吧。"郑亚看着李商隐，这个他喜欢的年轻人，他想在走之前再帮他一次。

李商隐看着一脸倦容的郑亚，实在不忍心他独自去循州那么偏远的地方受苦。"让我跟你一起去循州吧。"李商隐说道。

郑亚果断地拒绝了李商隐，可是固执的他坚持着要跟郑亚去循州，最后郑亚无奈地向李商隐问道："你知道我为何一贬再贬吗？"

李商隐摇头。

"当年科试之前，我带着自己的文章去干谒行卷。当时李公德裕任翰林，对我有知遇之恩，我便成了李公的门生。李公欣赏我的才华，对我委以重任，却被朝中人视为'李党'。后来白中敏得势，大力打击李党中人，我自然是被贬。而这次，"郑亚停顿了一下，看向李商隐的眼神颇有一丝嘲笑，"这次是令狐绹从中作梗。"

"令狐绹？"李商隐不解，身为湖州刺史的他怎么会干涉郑亚的调任问题呢？

"令狐绹已经回朝，考功郎中升知诰，现在充任翰林学士，这些你还不知道吧？"

"令狐兄他，他回朝了？"李商隐觉得自己的心被人狠狠地捶了一下，令狐绹已经回朝了，那么为什么他写给他的信，没有一封回信？

郑亚看着李商隐惊愕的模样，郑重地点了点头说："这次令狐绹假借为吴湘翻案，实则是打击李党中人，所以我才有此遭遇。"

"吴湘？什么案？"李商隐对于吴湘狱案并不所知，那时他正在家中为母守孝。

"吴湘本是一贪官，在任时强抢民女，霸占土地。在审案过程中，吴湘对自己的罪行供认不讳。于是我便将此案上报吏部，吏部又报给当时为宰相的李公。李公报给皇上，皇上下旨处死了吴湘。现如今牛党当政，又重提此事。说吴湘是冤死，于是重审此案。最后审判的结果与当时不同，令狐绹与白敏中就上奏皇上，说冤案是李公等人造成。结果曾经参与此案的大小官员就都遭到了贬职，我也只是其中一个。"

寂静，像一潭死水紧紧地包围着李商隐。郑亚的话让他陷入了深深的沉默之中，许久，他才开口："大人对我有知遇之恩，我在这里得大人器重。如今大人虽然被贬，但是我仍然愿意再次追随大人。还是让我去循州吧。"李商隐的声音近似恳求。

郑亚叹了口气，说道："你与令狐家的那些事情我都知道，令狐绹一向心胸狭窄。你随我到桂州入幕，他已是心中不悦了。如果再跟我到循州，他怎么可能善罢甘休呢？我这样的年纪倒是不在乎这些了，可是你还年轻，我不能看你因此废了仕途。"

"可是我不在乎这些。"李商隐辩解道。

"可我在乎，你是个心怀壮志的人。本以为在我这里，可以让你一展才华，却不想我是自身难保。如果可以，你还是回去找令狐绹吧。不管怎么说，你和令狐家的渊源都不是别人所能替代的。"郑亚声音缓慢，与此时苍老的容颜相映，显得格外空远。

"令狐兄他……我写给他的信，他都未回过。"李商隐忍着心中的悲伤沉重地说道，这种痛像一根无形的刺，插在他的心上。看不见，却真实地痛着。

178

"试试吧，或许他还会念当初之情呢。"郑亚劝道。

李商隐不再坚持了，郑亚起身去循州任职的时候，他独自去昭州做太守。

七月，郑亚的死讯传来时，李商隐刚好是离开昭州北回行至潭州。李商隐没有过于伤悲，似乎这一切在离别的时候都早有预见。只是他的心情还是很沉重，如这阴霾多雨的天气，怎么都散不去。在登上岳阳楼的时候，李商隐思及往昔种种，感慨万分，吟诵道：

> 汉水方城带百蛮，四邻谁道乱周班。
>
> 如何一梦高唐雨，自此无心入武关。

他在湖南节度使李回的幕府逗留了些时日，本来想安安稳稳地待上一段时间。可是现在，他再也没有心情待下去了。拒绝了李回的挽留，李商隐踏上了返回长安的路途。

五 曾共山翁把酒时

长安的灯火逐渐明亮起来的时候，李商隐的心情渐渐好了起来。就要见到久别的妻儿，他的心中升起了暖意。

他把晚晴和衮师从韩瞻的府里接回自己的住处，晚晴看着李商隐归来，心情格外地舒畅。她把衮师交给夫君，便去厨房张罗着做些吃的来。小衮师现在已经两岁多了，浑圆的小身子倚在李商隐的怀里。瞪大好奇的眼睛看着李商隐，稚嫩地叫着"爹爹"。李商隐欣喜万分，抱着衮师一个劲儿地亲。

"快来吃些东西吧，暖暖身子。"晚晴端着饭菜走了进来，见李商隐正高举着衮师玩闹，不禁笑出声来。

"白老真的是聪明，我刚教他背诗，他只要念上几遍就会背了。"李商隐颇有些得意地说。

"白老还不会说话的时候，经常哭闹，我也不知道如何是好。后来我发现，只要我一念诗给他听，他就立刻不哭了。小眼睛滴溜溜地看着我，似乎能听懂一样，于是我就经常念诗给他听。现在的白老啊，已经会背诵几十首诗了呢。"晚晴看着夫君抱着衮师玩耍，这种父子相亲的欢愉画面，以前也只能是她的想象罢了。

"我就说过，他一定是白老转世，要不然怎么会这般聪明呢？"李商隐笑着说道。

"快别闹了，赶紧过来吃饭吧，一会该凉了。"晚晴温婉一笑，一家人在一起的感觉真好。

李商隐抱着衮师坐下，一边喂着衮师吃饭，一边与晚晴聊天。

"怎么是你亲自下厨了，家里的厨娘呢？"李商隐问道。

"早就辞掉了，搬到六姐那里时，她府上人手齐全，所以我就将家里的佣人都遣散了。"晚晴轻描淡写地一带而过。

"那明日再请个回来吧。"李商隐说道。

晚晴笑笑没有说话。

晚上，李商隐搂着晚晴，躺在床上静静地听着她在耳畔低语。

"你又瘦了很多，我不在家的日子，你一个人带着白老肯定很辛苦。"李商隐体贴地说道。

"辛苦是辛苦了点儿，但也很快乐。白老是我们的儿子，看着他一点点长大，心中就有一种满足感。听到他第一次叫娘的时候，我特别开心，就觉得那些辛苦不算什么了。"晚晴靠着李商隐的肩膀，回忆起往事，脸上洋溢着幸福的神色。

"我是一个不称职的父亲，白老那么小我就将他交给你一个人。我不知道他什么时候学会走路的，也没有听到他叫的第一声爹爹，甚至连现在他喜欢什么我都不知道，我是不是一个不负责任的爹？"李商隐叹息，他亏欠儿子的东西太多了。

"怎么会呢，你是天底下最好的爹。白老现在还小，等他长大了，懂事了，他一定会以有你这样的爹而骄傲的。"晚晴认真地说道，她确实是这样想的，因为她就为有这样的夫君而骄傲。

"晚晴，我亏欠你的东西也是很多。自从你跟了我，我都没有让你过上好日子。"李商隐亲吻着妻子的额头，自责地说着。

"只要能跟你在一起，其他的都不重要了。"晚晴温柔地用手指挡住了李商隐的嘴唇，她不想他再提这些伤感的东西。

有月光透过窗子洒进卧室，伴着娇喘的声音，又是一夜缠绵旖旎。

翌时，李商隐收拾完毕。看着晚晴正带着衮师在院中玩耍，便笑着和她说出去走走。晚晴叮咛着他要早些回来，就带着衮师进房间学字去了。

李商隐走在宽阔的大街上，看着长安依旧繁华。不管外面多少战乱，不管朝中多少争斗，都影响不了它的美丽。他记得郑亚在分别前与他说过的话，踌躇间还是朝令狐府走去。

守门的是个新换的小童，不认识李商隐。得知李商隐是来拜访令狐学士的，小童转身进去通禀。不多时小童回来，笑着对李商隐说令狐大人现在不在府中。

李商隐讷讷地点头，离去。

接下来的几天，李商隐每天都来拜访令狐绹。可是小童给的都是一样的回答，即令狐大人不在府中。李商隐紧皱着眉头伫在令狐府的大门口，心中很是失落。他似乎明白了什么，可是他怎么也想不通到底是为什么。

李商隐还是迈进了令狐府，是老管家张伯叫他进来的。张伯挂着拐杖把他叫到自己的房间，这是靠后院佣人居住的房舍里最深处的一间房，李商隐看在眼里，痛在心里。张伯在这府中的地位远不如前了，为令狐府操劳了一辈子，但到头来人老了，也只能偏居这一简室苟活。

"他怎么可以让你住这里？"李商隐眉头拧得越来越紧，他是越来越不懂他了。

"这里不也挺好的吗？"张伯不以为然地笑笑，"少爷留我在这府中安度晚年，已经是恩赐了。"

"你辛劳了一辈子，全是为这令狐府，他怎么会让你住在这么简陋的地方。若是恩师在的话，一定会好生安置你的。"李商隐愤愤不平地说道。

"老爷在时，确实待我不薄。可如今是少爷当家了，少爷的官越做越大，人也变得越来越难懂。我现在也不奢望什么了，只想在这儿安安稳稳地度过余生，然后去见老爷。"张伯在提及令狐楚的时候，也忍不住泪眼婆娑。

李商隐苦笑，原来弄不懂令狐绹的，不止他一个人。

"我听说这几日你都来府上找少爷都未果，你有什么重要的事情吗？"张伯问道。

"其实也没什么，我只是想见见他。我曾给他写过很多的信，但是一直没有收到回信，我有些担心。"李商隐语罢，又感觉自己似乎不该说这些。

"义山啊，这么多年，你是一点儿也没有变啊。还是那么善良，老爷真的没有看错你。"张伯感叹道，"可是少爷却不是曾经的那个少爷了，你别见他了，早点回去吧。"

"怎么了？张伯。"李商隐不明白张伯为什么要这样说。

"你的信少爷全都收到了，但是一封都没有看，全部扔掉了。"

"什么？"李商隐听到张伯的话，顿时愕然。过了许久，李商隐才沮丧地低下头，低沉着嗓音说道："我真不知道，令狐兄到底为何对我有如此大的成见？"

"还有一件事，就是……"张伯迟疑着，他不知道该不该把这件事告诉李商隐，他怕他受不了这样的打击。

"还有什么？您说啊！"李商隐拉着张伯的手，焦急地问道。

张伯思量了很久，最终还是告诉了他："你与李党中人走得那么近，少爷本就不高兴。后来你又随郑亚去了桂州，他就更不高兴了。郑亚器重你，安排你去做四品的太守职位，这让少爷大怒。你丢了太守的职位与郑亚的被贬，其实都是少爷从中做的手脚。"张伯说完这些时，沉痛地闭上了眼睛。他们都是他看着长大的，本来情如兄弟的两个人，如今却闹到这般地步，他看着都心疼。

李商隐听得心中一阵战栗，他知道令狐绹对自己有成见，却不想他会如此待他。他更没有想到，郑亚的再次被贬，竟然是为了自己。李商隐手捂着胸口，他感觉那里一阵阵的绞痛。

李商隐跌跌撞撞地从张伯的房间出来，这府中的景致他既熟悉又陌生。他熟悉这里的一草一木，却不再熟悉这里的一人一行。他想尽快地离开这里，却在拐过走廊时看到了那间书房。

李商隐下意识地停住了脚步，顿了顿又朝书房走去。轻推开门，迎面的墙上挂着的依然是恩师的字画。房中的摆设没有太大变化，都和恩师当年在时一个样子。令狐楚很注重书房的气息，所以不管他在哪里任职，他的房间几乎都是千篇一律地布置。案头上摆着的依然是恩师以前最喜欢看的书，狼毫笔悬于笔架上，一旁的砚台里研墨的还是他钟爱的徽墨。李商隐的手指拂过这一切，记忆像拉开的闸门的洪水，全都涌了出来。往昔的种种爱恨此时全部占据心头，兄弟、情义、误解、失意、伤怀……李商隐的心有如百爪在挠，是痛苦，是失落，是心碎，更是绝望。他拿起案上的毛笔，蘸满墨汁。走到西面空白的墙前，挥笔写下一首诗：

九　日

曾共山翁把酒时，霜天白菊绕阶墀。

十年泉下无消息，九日樽前有所思。

不学汉臣栽苜蓿，空教楚客咏江蓠。

郎君官贵施行马，东阁无因再得窥。

李商隐写罢，已是泪流满面。他丢弃了毛笔，失神地走出书房。结束了，一切都结束了。

李商隐还未迈出令狐府，就与从外面归来的令狐绹遇到了一起。四目相对时，都愣住了。令狐绹只是一瞬间，便恢复了原来高傲的神情："这不是李大人吗？怎么会在我的府上？"那轻蔑的语调，让李商隐望着他的眼神越加复杂。

"令狐兄，我现在只有一件事情想求你。"李商隐咽下心中的气愤，恳切地说道。

"哦？李大人还有事情求我？那我倒要听听。"令狐绹大笑，仿佛这是件天大的笑话。

"郑亚已死，请你别再为难李党中人了。"李商隐盯着令狐绹，一字一句，说得极其认真。

"你凭什么来要求我？凭我们曾经的那点儿情义？还是凭父亲生前对你的独爱？"令狐绹紧逼李商隐，每一个字都是从牙缝里蹦出的，"你别忘记了，你是一个叛徒！"

"我不是叛徒，对恩师的教诲之恩，对你的兄弟情义，我自始至终都不曾改变过。"李商隐对着令狐绹愤怒的眼神，平静地说道。

"哈哈，你说你没有叛恩。可是你却在父亲死后不久便投靠了王茂元，还做了他的乘龙快婿，你是觉得令狐府已经没有能力让你飞黄腾达了吧！"令狐绹抓住李商隐的双肩，恶狠狠地说道。

"我与晚晴结婚，是因为我真的喜欢她。"

"就算你是喜欢那女人，可是后来呢？你不顾我和父亲的颜面，不断地与李党中人接触，甚至还追随郑亚去了桂州！你口口声声说自己无党派，可是你的所作所为呢？你所做的每一件事，都让我感觉到蒙羞！"令狐绹咬牙切齿地说道。

"我自认为没有做什么对不起你的事情。"

"没有？"令狐绹猛地推开李商隐，手指着他的鼻子质问着，"那年你科考中进士，可知是父亲在临行前一再叮嘱我向高锴举荐你！父亲一辈子不徇私，却因为你的固执而破了例。你真的以为光有才华就可以施展抱负吗？真是幼稚！"

"科试后高锴曾三次问我可有人举荐，我三次答的都是你的名字。在你中进士之后，父亲还特意写来书信。让我在朝中帮你活动，好寻觅一个合适的官职。可是你呢？在父亲死后不久，就去投靠王茂元，你对得起他对你的教诲之恩吗！你对起得他对你寄予的厚望吗！你对起得我对你的信任吗！对得起我们多年的兄弟情义吗！你现在穷困了，潦倒了，又想起我来了是吗？我告诉你，这一切，都是你自找的！"

184

令狐绹冷笑着一步步逼向李商隐，眼中的怒火在不断地燃烧着。

"我没有……我只是不知……不知道……这些事……"李商隐突然泄了气，令狐绹的话像一个巨大的锤子不停地锤着他的心。他觉得自己像个傻子，曾经一度以为自己的进士是凭真本事得来的，却不想这一切仍然无法逃离命运的摆布。也许真的是他太天真了，他应该早就看清这一切的。只是他的心总是存着一丝美好，不愿意相信。

"你不知道？那你现在都知道了！"令狐绹终于愤怒地挥起了拳头。

李商隐闭上眼睛，他不想躲闪，选择安静地等待。可是过了许久，也不见拳头落下。李商隐睁开眼睛，令狐绹的拳头正停在自己的鼻翼处。令狐绹紧紧地盯着他，过了半天，才蹦出两个字："送客！"

李商隐沉默着，凄楚而苍凉。他任人架起拉向大门口，却隐约听到身后有声音传来："我再也不想见到此人。"

令狐绹一腔的怒火全部发泄在满园的菊花之上，那是令狐楚生前喜欢的菊花。如今却是断枝折叶，一地残落的花瓣。

有仆人站在一旁，小心地奏报："那人，那人在书房留下一首诗，还将笔扔在了地上……"

令狐绹甩袖进了书房，地上果真躺着一支毛笔。站在墙前，令狐绹的脸色更加难看："他追忆和父亲的深情是想暗示我对他不闻不问吗？居然还敢指责我不像父亲那样栽培扶植他！他怎么就不反观自己的行为！"令狐绹一拳砸向了墙面，"咚"的一声响，墙面上有簌簌的粉末滑落，伴着丝丝血迹。

仆人惊恐万分，连忙弱声问道："大人，要不要将这首诗刮去？"

令狐绹摆摆手，一脸厌恶的神情："把这书房给我钉死，永不开启。"

李商隐被赶了出来，他的心空落落地说不上是什么滋味。他不想回家，便拐进一家酒馆，叫了壶酒，独自喝了起来。

酒喝了一半，手中的杯子便被人夺走。李商隐抬起头，见是温庭筠。

温庭筠也不理会李商隐的目光，连喝了三杯酒，方才开口："我听说你回来了，便去你家找你。你却不在家，我便猜你准是一个人跑出来喝酒。"

李商隐也不答话，招呼着店家再送些酒菜来，依旧独自喝着闷酒。

"你这是怎么了？"温庭筠疑惑李商隐怎么会如此的失意。

"我刚去见了令狐绹。"李商隐低低的声音，很没心情地应着。

"去见他干吗？"温庭筠一脸的鄙夷。

尽管不愿再提，李商隐还是将整个事情的经过说与温庭筠听。末了，温庭筠一阵大笑。

"你笑什么？"李商隐斜睨着眼睛看着温庭筠道。

"我笑你那首诗，令狐绹那家伙要是看到，肯定会被气死的。"

李商隐不理会温庭筠，径自倒酒独饮。过了很久他才问道："飞卿，你说，是不是我真的做错了什么，他才如此地恨我？"

"你不要理会他说的话，令狐绹早已不是当初的令狐绹了。"温庭筠一杯酒下肚，也打开了话匣子，"上次一别之后，我便一直留在长安城，寻求机会。有一天我去郊外闲游，刚好碰上令狐绹和一群官宦在那里吟诗作赋。其中有一个年纪颇轻的人出上句为'金步摇'，就见到他们这群人抓耳挠腮地对不上来。我看不过去，便接了话题，以'玉条脱'对之。令狐绹不知道'玉条脱'之说，我便对他说，'玉条脱出自《南华经》，而《南华经》也并非僻书。相国公务之暇，还是应该多看点书。'后来我才知道那天出题的人是当今皇上，而一大帮随行的都是当时刚及第的进士。皇上惜我才华，有意要取我为官。可是被令狐绹给参奏，说我有才无行，不宜与第。"

"呵呵，"李商隐听闻温庭筠的话，忍不住笑了出来，"飞卿你这张嘴啊，总是得理不饶人。你若少说两句，他也不会如此难堪，而一定

186

要拒你于门外啊。"

"哼，我就是看不惯他们这些当官的一副自以为高贵的嘴脸，实则腹中空空，没有半点才华。"温庭筠撇撇嘴，不以为然地说道。

"你就是这个样子，不肯委屈自己半分。"李商隐笑着指责温庭筠，说道，"以你的学识要考个功名一点都不是问题，可你倒好，每次科考，你都暗中助人，还落了个'救数人'的美名。我还听说，考官因你的前车之鉴，在考试时对你特别'照顾'。特召你在帘前试之，可有此事？"

"有啊。"科考助人本是不该之事，温庭筠没有避讳，反而大大方方地承认了，"帘前试之又如何，那场考试我还是暗中帮了八个人。"

"你啊！"李商隐无奈地摇头，叹言，"你现在以此事而出名了，以后哪还有考官敢取用你啊。"

"不用就不用吧，反正我已经对这样的朝廷失去了信心。你不是考中进士了吗，又怎么样呢？我已想通了，对这些无所谓了。可以喝酒，可以作诗，这样的日子不是更好吗？"

李商隐不再说话，没有怪罪温庭筠的言语过失，但也无法否认他说得对。自己考取了功名又怎么样呢，还不是一样的贫困潦倒，甚至还不及温庭筠来得潇洒呢。

"那，将来有什么打算呢？"李商隐最后问道。

"走一步看一步吧，你呢？"

"我也只能如此了。"

宣宗大中三年（公元849年）李商隐回到长安，闲逛了半年，才在京兆尹寻得一个代参军事的职务。虽然京兆尹的同僚依旧对他很是排斥，但他都隐忍地坚持下来了。

回到长安这半年来，他感受到了很多他从前忽略掉的东西。

晚晴没有再找厨娘进来，整日忙碌在做家务与照顾衰师之间。李商隐曾一度坚持再找个人回来做事，可是晚晴都拒绝了。后来他才知道，家中已经没有太多银两，晚晴是舍不得再花钱了。

他突然记起，晚晴本是个千金小姐，也曾是锦衣玉食。虽然嫁给他，但依然是与家人生活在一起，他从未想过生活开销的问题。后来岳父去了，也没留下什么家产。这几年他四处奔波，辗转流离，拿着微薄的俸银度日。他不知道晚晴是从何时脱掉那身他熟悉的白纱衣而换上现在这身粗布衣衫的，也不知道是何时收起了她喜欢的锦瑟。那双修长纤细的手指如今因为操持家务而变得粗糙，他有多久没有听过她的琴声了呢？李商隐愧然地落下泪水。

晚晴就是默默地支持着他，日子过得再苦，她都不曾跟他抱怨一句。这样的她，让李商隐深深地自责。所以在面对京兆尹这份并不快乐的工作时，他不再像以前那般抑郁。如果生活注定要承受这么多的磨难，那从这一刻，他开始淡然地接受，为了晚晴。

李商隐每日都是早早地把手上的事情处理完毕，想早点回家陪陪妻儿。可是每次他都是被京兆府里的人拖住，直到太阳落山后，他才得以回家。他心里很清楚这是他们故意为之，但现在的他已不像以前那样有诸多愤懑了。他平静地接受这一切，踏出京兆府，加快回家的脚步，他知道晚晴在等候着他。一想到晚晴瘦弱的身子倚在门口等着他，他的心里就暖暖的。

此时的晚晴已经又有了身孕，肚子明显大了起来。李商隐不让晚晴做任何家务，一切事情都等他回来再做。可是晚晴总是笑着不语，等他回到家时，她还是做好了一切只等他回来。

这次李商隐回到家中，发现晚晴没有如平时那样守在门口等他。他推开房门，见晚晴正坐在桌边，手上攥着一纸书信发呆。李商隐轻轻走到晚晴的身边，看见她的眼角有未干的泪痕，连忙扳过她的肩膀，问道："怎么了，晚晴？"

晚晴见李商隐回来了，本来停住的泪水，又涌了出来，"刘蕡他，他……"

刘蕡怎么了？李商隐一把夺过晚晴手中的信，这是一封报丧信。信中说刘蕡病死在浔阳，死时身边没有一个亲友。当时的百姓见他可怜，就遵照其遗愿，将他安葬在浔阳江头。

"这怎么可能？"李商隐无法接受这样的事情，"他不是去了柳州吗？怎么会客死在浔阳？他走时还曾约我长安再见呢，怎么可以就这样去了呢？"李商隐觉得整个世界都在旋转，心口腥甜的气息涌上来。眼前一黑，"哇"地一口血吐出，人便向后倒去。

晚晴见状吓得半死，连忙拉住李商隐，大肚子的她费了半天力气才将他扶到床上。晚晴跑前跑后地折腾着，终于见李商隐缓缓睁开眼睛。

"你吓死我了，夫君。"晚晴不顾自己的哭相，一下子扑倒在李商隐的身上。

李商隐虚弱地支起身子，坐在床上。看着晚晴哭花的小脸，勉强挤出一个笑容来："我没事的，你别太担心了。去华兄的死对我来说实在是太意外了。去华兄的遗愿是将自己安葬在浔阳江头，可见他是多么想回长安啊，可是他至死都只能与长安隔江相望了。晚晴，你知道去华兄是多么刚正的一个人啊，这样的人朝廷至死不用，我真是痛心疾首啊！"

晚晴擦去夫君痛苦的泪水，安慰地说道："被贬外地客死异乡的人很多，但终归是人死不能复生。活着的人还是要保重好身体的，要不然死去的人泉下有知，也不会安生的。"

李商隐不想让晚晴太担心，她已有孕在身。若是因为他再生出点事端来，他更是追悔莫及了。于是李商隐点点了头，答应了她，晚晴见状心中也安慰了许多。

刘蕡的死讯传遍长安的时候，引起了很多文人学士的愤慨。李商隐不顾朝廷明令禁止哭诉的条文，毅然写了吊唁的诗文：

哭刘蕡

上帝深宫闭九阍，巫咸不下问衔冤。

广陵别后春涛隔，湓浦书来秋雨翻。

只有安仁能作诔，何曾宋玉解招魂。

平生风义兼师友，不敢同君哭寝门。

"上帝深宫闭九阍，巫咸不下问衔冤。传说天帝上居于九重门内，而巫咸则是神巫。你这样写，是在指责皇帝高高在上，从不过问刘蕡的冤情吧。"晚晴反复读着李商隐的诗，猜测着他的诗意。

"是啊，如果皇上不昏庸，去华兄怎么可能含冤被贬而死呢？"李商隐说道。

"那后面这两句是什么意思呢？"晚晴指着"广陵别后春涛隔，湓浦书来秋雨翻"问道。

"这句是说我去年春天与去华兄在广陵见过一面，而今年秋天便传来他的死讯……"

"接下来这两句引用了两个典故，一是说潘岳潘安仁以写悼亡诗和哀诔之文见长；二是指宋玉在《楚辞》中的《招魂》一文，夫君应该是自比。只能像潘岳一样写哀诔之文，而不能像宋玉一样招回魂魄使人复生。"晚晴低沉地说道，夫君的哀痛之情已经是溢于言表了。

李商隐点点头，接着晚晴的话说道："去华兄高风亮节，既是我的好友，也是我的良师。《礼记》上记载，哭师应该在正寝之内，哭友则在寝门之外。去华兄对我影响颇多，他是一个可敬的师友，我怎么敢哭于寝门之外呢？"李商隐说完时，已是泪眼朦胧。

"夫君切莫太过悲伤。生死都是各安天命。有时候死也是一种解脱，而活着的人则更难。"晚晴意味深长地说道。

190

李商隐若有所思地点点头，他明白妻子的良苦用心。

秋风渐凉，转眼间进入十月。树叶被来往的风吹成了金黄色，哗啦啦地，一片一片从树枝上飘落。待到晚秋，只有几片固执的叶子伫立在枝头，久久不肯飘落。

黄昏时分，晚晴依旧每天都要守在门口，等待李商隐的归来。

"不是说好不要等我的吗？"李商隐扶着大腹便便的妻子，疼惜地说道。

"你都不让我做任何事情，如果再不让我等你，那我可真是无事可做了。"晚晴握着李商隐的手，有些撒娇地说道。

"再有两个月你就要生了，我不是怕你累倒了嘛。"李商隐目光温柔地看着晚晴说道。

"我又不是第一次生了，哪有那么娇贵。"晚晴被看得娇羞，这段时间以来，李商隐总是格外地宠爱她。"对了，我今天去六姐那里，刚好遇到卢家的三表姐，就是兵部侍郎卢慎的女儿。"

"哦？那又怎么了？"

"三表姐和检校户部尚书卢弘正是同宗，卢弘正已被调任为徐州刺史和武宁节度使。三表姐和我说，徐州幕府正缺一位判官，她已经答应我举荐你去了。"

"我不去。"李商隐想也没想就回答了晚晴。

"为什么？"晚晴不解地问道。

"我在京城待得很好，并不想去那么遥远的地方。"李商隐回答得很坦然。

晚晴用不可置信的目光望着李商隐，突然她像想起来什么似的，拉着李商隐的手，温柔地说道："你是不放心我吧？我答应你，会照顾好自己的……"

"我不想离开你，上次衮师刚刚出生，我就离开了你，你不知道我在远方多么牵挂你和孩子。而现在你身怀六甲，行动诸多不便，我更不会离开你了。"李商隐想都没想就打断了晚晴的话。

晚晴笑着握紧李商隐的手，劝慰地说道："你忘记了，还有六姐在啊。你走以后，我还是会搬到六姐那里，她会照顾好我的。况且你在京兆尹做得并不开心，虽然你什么都不说，但我怎么会看不出来呢。"

李商隐啧啧嘴，晚晴确实很了解他，知道他的每一件心事。但是也因为如此，他总觉得亏欠妻子太多，他更不忍心离去。

"我知道你经历太多的磨难，但你心中的希望还是没有泯灭。不要再想了，尽管去吧，我永远都会站在这里，微笑着等你回来的。"晚晴温婉得像一潭湖水，安静地站在他的背后。包容着他，守候着他。

准备动身的那个早晨，晚晴撑着沉重的身子，坚持要给李商隐弹奏一曲。李商隐怕她动了胎气，连连阻止。可是晚晴一再坚持，她说，此去徐州又是路途遥远。我没有什么可以送给夫君的，只有让这曲声伴着夫君一路平安。

192

还是那把锦瑟，在晚晴轻轻地拨动下，散出无尽的离别之音。李商隐亲吻着衮师，又望了望站在一边的韩瞻夫妇。他们已经答应他，会代他照顾好他的妻儿的。

衮师才满三岁，年幼的他还不知道离别为何意。可是看着这凝重的气氛，他硬生生地抓着李商隐不放，哭闹了起来。

李商隐抱着衮师亲了又亲，离别之愁撕扯着他的心肺。他看到晚晴无声流下的泪水，滴落在琴弦上。伴着难舍的琴音，全部刻进他的骨子里。

六姐抱走了哭闹的衮师，催促着李商隐："时辰不早了，还是早些赶路吧。"

李商隐环视了整个庭院，一隅的秋菊开得正艳。他想多看几眼，他熟悉的家，他爱的人。到了异乡，这里的一切，他都只能在梦中才能再见了。

伴着晚晴送别的琴音，李商隐只身远赴东川。

第五章　此情可待成追忆，只是当时已惘然

一　当为万户侯，勿守一经帙

到了徐州，卢弘正很是看重李商隐。不仅让他做节度判官，还兼做记室。由于卢弘正的器重，不久之后，李商隐又得到了侍御史的从六品下阶头衔。卢弘正是李党中人，也是因为牛党的排挤而被调出京师的。他幕府的官僚也皆是李党，所以李商隐同他们相处得非常融洽。幕僚们经常聚在一起喝酒赋诗，日子过得轻松自在，这让李商隐的心里安稳了许多。

来徐州不久后，晚晴便生下一女。李商隐在妻子的来信中得知消息后，既兴奋又失落。兴奋的是他又多了一个女儿，失落的是他还未与小女儿谋面。他总是猜想，小女儿肯定长得和晚晴一样漂亮。

晚晴在来信中告诉他衮师又长高了一些，更加聪颖调皮。小女儿则很安静，很少哭闹。李商隐捏着信纸，一遍遍地念着，幻想着妻子在信中所描述的场景。然后一个人颓然，一个人傻笑。

十月，令狐绹以翰林学士承旨和兵部侍郎入相位。这个消息传来

后，李商隐深深地被震撼了。他在给妻子的回信中，写了一首最为著名的《骄儿诗》。

衮师我骄儿，美秀乃无匹。

文葆未周晬，固已知六七。

四岁知名姓，眼不视梨栗。

交朋颇窥观，谓是丹穴物。

前朝尚器貌，流品方第一。

不然神仙姿，不尔燕鹤骨。

安得此相谓，欲慰衰朽质。

······

爷昔好读书，恳苦自著述。

憔悴欲四十，无肉畏蚤虱。

儿慎勿学爷，读书求甲乙。

穰苴司马法，张良黄石术。

便为帝王师，不假更纤悉。

况今西与北，羌戎正狂悖。

诛赦两未成，将养如痼疾。

儿当速成大，探雏入虎穴。

当为万户侯，勿守一经帙。

晚晴在回信中表示深知夫君心愿，一定会好好教导衮师，这让李商隐很是欣慰。信被同僚们看到，便一再追问他所作的《骄儿诗》。李商隐便将《骄儿诗》从头至尾吟诵了一遍。

"我念过西晋左思的《娇女诗》，但义山这首《骄儿诗》看似与其有些相似，但又有很多不同。"卢弘正说道。

"我是受了左思的影响，他的《娇女诗》只限于描写女儿的活泼可爱、天真烂漫和憨态可掬，而我则是把自己的感慨写进去了。"李商隐说道。

"前一段写衮师聪明伶俐，众人夸耀，我倒是看明白了。只是这后面的部分，我就看得不太明白了。比如'爷昔好读书，恳苦自著述。憔悴欲四十，无肉畏蚤虱。'"站在卢弘正一边的校书郎皱着眉头，怎么想也没想明白。

"这最后一段，有我的诸多感慨和对小儿的期望。我自己苦读诗书诸论，却落得现在这样憔悴潦倒，困顿失意，我希望他不要像我一样。"李商隐暗叹一声，往事真是不堪回首。

"这'憔悴欲四十，无肉畏蚤虱'听着好生奇怪，你明明是写给小儿的诗，怎么会有无奈沧桑之感呢？"校书郎继续问道。

"小儿聪慧秀美、天真活泼，而我却是憔悴年近四十之人，这不是很鲜明的对比吗？'蚤虱'本是取自《南史·文学传》'卞彬仕不遂，著蚤、虱等赋，大有指斥。'我自己也曾写过一篇《虱赋》，其意都是指那些专门攻讦穷而贤者的小人。后面的六句，是告诫我儿不要再走父亲走过的老路，以读书来求取功名。而是希望他多读点兵书，学会辅佐帝王的真本事。像春秋时齐景公的司马穰苴，像张良在下邳桥上遇到的黄石公。"

"后面的八句是写西北的吐蕃、回鹘和党项等族叛乱狂逆，朝廷安抚和讨伐都没有结果。现在放纵他们，以后就成了久治不愈的顽疾了。而你希望衮师能够早日长大，为国平乱，立功封侯。"卢弘正看透了李商隐的意图，替他说道。

"你是说书生无用，不如领兵打仗的将军来得荣耀吧？"校书郎是书生出身，这样的话让他很是不满。

李商隐摇了摇头，说道："我并没有否认读书人的价值，也没有说读书一无所用。我只是对死读经书和醉心科考这条路产生怀疑，此生我已是如此，我真的不想我儿的将来也像我这样子。"

李商隐的话让在座的诸位都沉默了，他们哪个不是读书出身。但在这样的乱世，单凭读书是不足以安邦定国的。这样的道理不是不懂，只是不愿意承认罢了。

大中五年（公元851年），春节刚过，李商隐本打算自己安稳了就将妻儿接到徐州来团聚。谁料到卢弘正身染重疾，年关刚过，便与世长辞了。

命运总是在赠予他一次又一次的希望之后，又给予他一次又一次的沉重打击。李商隐忍着伤痛返回到长安，依然居住在自己的樊南旧舍，深居简出。

接回了妻儿，李商隐便隐在家中教五岁的衮师习字，逗一岁的女儿玩耍。

"你不在家的时候，我想你了就弹琴。有一次深夜，我睡不着，就坐起来弹琴。一曲之后我才发现躺在床上的小家伙不知道什么时候醒了，她不哭不闹，专心地听我弹琴。后来我无意中发现，她哭闹的时候，只要一听到琴音就会停下来。就好像她能听得懂似的，小模样可惹人喜欢了。所以我就给她起了个名字，叫'樊瑟'。"晚晴忍不住说道。

"樊瑟这个名字好听，她这么小就喜欢听你弹琴，长大以后一定会和你一样，能弹得一手的好琴。"李商隐抱着小樊瑟一个劲地逗她，惹得衮师在一边小嘴巴撅得高高的，一副生气的模样。

"爹爹你教我写字吧，昨天教的我都学会了。"衮师扯着李商隐的长袍，奶声奶气地说着。

"好好好，白老就是聪明，爹爹这就带你去写字。"李商隐大笑着，将怀中的小樊瑟递给晚晴。弯身抱起衮师，向书房走去："你又长胖了，爹爹就快抱不动你了。"

晚晴看着一家人其乐融融的场景，露出了甜美的笑容。自从父亲去世，夫君就常年奔波在外，游荡在各个幕府之间，他们二人总是聚少离多。后来有了衮师，她的生活就多了一些生气。照顾衮师的时间多了，她便没有更多的时间去想他了。但在夜深人静的时候，她躺在床上，还是会深深地想念他。现在小女儿出生了，李商隐又回到了她的身边，他们一家人终于可以团聚在一起了。

吃过晚饭，晚晴哄好衮师和樊瑟睡觉，见李商隐一个人站在院子里发呆，便拿了件斗篷走了出来。

"这早春的天气还是有些冷，披件衣服免得生病了。"晚晴将斗篷搭在李商隐的肩上，温柔地说道。

"晚晴，你生病的事情为什么不告诉我？"李商隐回过头来，望着晚晴的眼神很凝重。

晚晴先一惊，随即莞尔一笑："都是一些小毛病，你不用这样大惊小怪。"

"你别再瞒我了，六姐刚派人送来了补药，我才知道你生樊瑟时落下了病根。这怎么会是小病呢？难怪你的脸色越来越苍白，都怪我太粗心了。"李商隐自责地说道。

"真的不要紧，现在看到你回来，我的病就全好了。"晚晴拉起李商隐的手，安慰着他。

"我明天去抓些草药回来，你好生调理身体，病不能拖延。"李商隐将晚晴搂在怀中，在她的额前深深地亲吻着。结婚这么多年，他从来没有照顾好她。

晚晴将头靠在李商隐的胸前，轻声地应着。其实有他在身边，一切都变得无所谓了。

李商隐赋闲在家，除了教导衮师学业，就是帮着妻子照看樊瑟。晚晴每天都会出去两三个时辰，李商隐问她去哪里了。她笑着说在六姐那里学习刺绣，学得很有兴致。

李商隐见状也不再阻拦她，只是看着她每日带着疲惫的神情归来，就忍不住劝她："既然学得那么累，就不要去了吧。"

"好不容易有点儿兴趣，怎么能说放弃就放弃呢。"晚晴带着一脸的倦容，笑起来的模样让李商隐心疼。

"那，你要照顾好自己，别太勉强了。"李商隐知道妻子的倔强，也就不再说些什么了。

院中池子里的荷花已经开放，有阳光洒在水面上，一片片的金黄灼人眼目。衮师从外面跑回来，满头大汗。李商隐笑着拉过衮师，慈爱地说道："又跑到外面玩了吧，快把外衣脱掉。这大热天的，别闷出病来。"

衮师喝了一口摆在桌子上的凉茶，乌黑的大眼睛盯着李商隐，问道："爹爹，他们都说我是白老的转世，所以你才叫我白老，那白老是谁啊？"

李商隐没有想到衮师会问自己这样的问题，不禁愣了一下。随后他笑笑，把衮师拉到自己跟前，认真地说道："白老叫'白居易'，是一个很有才华的诗人。他兼济天下，又得以独善其身。"

"那他是不是很有名气啊？"爹爹说的东西太深奥，小衮师还不是很懂。

"当然了，前唐有诗仙李白、诗圣杜甫，晚唐有诗魔白居易。他的诗影响很大，一直深受读书人的喜欢。"

"那我要学他的诗，爹爹你教我吧。"小衮师稚嫩的声音说道。

"哈哈哈，"李商隐忍不住大笑道，"爹爹这就教你。"

李商隐抱起衮师坐到院中，望着一池盛开的荷花，慢慢吟来："浔阳江头夜送客，枫叶荻花秋瑟瑟。主人下马客在船，举酒欲饮无管弦……千呼万唤始出来，犹抱琵琶半遮面。转轴拨弦三两声，未成曲调先有情……"

"……我闻琵琶已叹息，又闻此语重唧唧。同是天涯沦落人，相逢何必曾相识……莘莘不似向前声，满座重闻皆掩泣。座中泣下谁最多？江州司马青衫湿。"小衮师虽然还不理解诗中的含义，但他依然认真地学着爹爹的模样，摇头晃脑一句一句地背诵着。

李商隐笑看着衮师，心中一阵满足。衮师自幼聪慧，学起诗文来也是一点即通。衮师一定是白老转世，否则怎么这样聪明？李商隐有些慵懒地想着。

午后的阳光有些刺眼，李商隐靠在椅子上有些困乏。听着衮师还在一遍遍地背诵着白老的《琵琶行》，李商隐眯缝起眼睛。

恍惚间自己被人重重地推了一下，李商隐睁开眼睛，看见韩瞻正站在眼前，一脸焦急的模样："晚晴出事了，你快去看看吧。"

李商隐腾地站起来，摇晃着险些摔倒。叮咛着衮师照看樊瑟，李商隐跟随着韩瞻连忙赶至韩府。

原来晚晴并不是在六姐府上学什么刺绣，家中生活已经非常拮据，李商隐没有为官，自然没有俸银可拿。她知道他在仕途上已经很不顺心，不想他再为这些生活上的事操心，所以一直瞒着他在城中找了一个替人刺绣的活，挣些钱来贴补家用。晚晴生下樊瑟之后身体一直不好，总是不断地咳嗽。如今加上繁重的劳作，她终于一口血吐到未绣完的锦缎上，病倒了。雇主怕出事故，连忙付了工钱，并叫人将晚晴送到她六姐韩府那里。

"你怎么这么傻呢？"李商隐握着晚晴粗糙的手，心中一阵难过。

晚晴灰白的嘴唇没有一点血色，她抽出手来，抚摸着李商隐清瘦的脸庞，虚弱地说道："我不想你为这些琐事操心……你的心情很不好我知道……你从回来后就待在家中很少出门，作为妻子，我不能帮你……帮你什么，就更不能用这些小事来烦你了……"

"你好傻啊，养家糊口本就是我应该做的事情，你为这个家已经操劳太多了。是我对不起你！作为男人，我竟然连养家的能力都没有！"李商隐哽咽着，心中的愧意不断地折磨着他。李商隐拿起晚晴的手，狠狠地抽向自己的脸。

"啪"的一声清脆，晚晴吓得连忙挣扎着起身扑向李商隐："你不要这样，我们是夫妻。从我嫁给你的那天开始，就注定我们要甘苦与共，我知道你已经尽力了……"

李商隐抱着晚晴哭成一团，六姐见状想上前安慰。韩瞻阻止了她，眼神飘向门外。六姐会意地点点头，于是二人悄身退出了房间。

当夜幕降临时，李商隐抱着沉睡的晚晴走出了房间，看到六姐一手抱着樊瑟一手拉着衮师正站在门外等他。

"两个孩子还小，独自在家我不放心，就叫人把他们接了过来。"六姐解释道。

"多谢六姐。我想带晚晴回去。衮师和樊瑟就麻烦你先帮我照看几天，等晚晴病情好点时我再来接他们。"李商隐低哑着嗓子说道。

"你放心吧，我会照顾好他们的。"六姐看着憔悴的两个人，心中禁不住忧伤起来。

衮师想跟着爹爹回家，但是被六姐制止了。她想叫辆车送他们回去，可是李商隐沉默着摇摇头。他不再说任何话，只是抱着晚晴，一步步地迈出韩府的大门。

第二日，李商隐做完所有的家务，让晚晴好好躺在床上休息后，便一个人出了门。

站在重新扩建的宰相府前，那辉煌宏伟的气势犹如当年他第一次站在令狐府前一样，让他震惊。李商隐一再犹豫着要不要上前去敲门，上次之事令狐绹定是恨他入骨，而如今自己又来求他，他会怎么看待自己呢？李商隐的脚忍不住向后退去，可是一想到家中病重的妻子、年幼的孩子，他后退的步子又移不动了。

他现在才知道，在他不在的日子里，她到底吃了多少苦。他寄回家中的微薄俸银根本不够度日，她经常做一些洗衣和缝补的活来贴补家用。而这些她从不跟他说起，总是一个人默默地承受着生活的磨难。想起这些，李商隐就没有了退缩的理由。她为他受了那么多委屈，他为什么不能为她牺牲一回呢？

有官轿停在了相府门口，一身朝服的令狐绹从轿中走出来。一恍间，李商隐已经喊出了声："令狐兄。"

令狐绹停住脚步，转身望见不远处一脸沉闷神情的李商隐。只一刹那间的愣神儿，令狐绹转回身，仿佛未闻一般，向府门走去。

"令狐兄，请等一等，我有事……想求你。"李商隐说出后面的话时，语气不自觉地停顿了一下。令狐绹对他的态度，他看得很真切。

"求我？一向清高傲物的李大人居然会说求我？"令狐绹停住脚步，转过身居高临下地看着李商隐，说道，"哦，我忘记了，你已经不是什么李大人了。"

李商隐嘴角抽搐了一下，尽管心中刺痛，他还是再一次恳求道："我是真的想请你帮忙。"

"真是对不起，我帮不上你任何事情。"令狐绹咬牙切齿地说道。

"请你看在恩师的面子上，帮帮我……"李商隐很急切，说得很大声，引来了过往路人的侧目。

令狐绹本想讥笑他一番，却看到行人的指指点点。他有些恼怒，不耐烦地挥挥手，转身进了府中。如今身处相位的他，不想有太多的传闻。

"还不快进来？"相府的随从冲着李商隐喊道。

李商隐恍然，连忙跟着令狐绹的身影进了府中。

"晚晴现在病重，我急需找到一份事做，好给她看病，我希望能得到你的推荐。"李商隐站在大厅中间，看着端坐在堂中的令狐绹，语气低婉。

"我不会帮你的。"令狐绹说得简单明了，语气冰冷。

"就算，就算我做了对不起你的事情。但是毕竟我们曾经兄弟一场，如今晚晴病得很重，就当我求你了。"李商隐卑微地曲下膝盖，跪在令狐绹的面前，他将心中所有的委屈全部咽下。他很清楚，在这京城之中，若是没有令狐绹发话，他李商隐绝不可能找到事做。

令狐绹的手明显抖了一下，但凝视着跪在自己面前的李商隐，他还是无动于衷："我说过，我不会帮你的。"那声音依旧冷冰。

"少爷，你不能这样对他！"门口处是张伯颤抖的声音，"你们毕竟兄弟一场。"

"我没这样的兄弟！"令狐绹大怒，随手将桌上的茶杯甩了出去，杯子在李商隐的身边炸开。那一地的碎片，就像李商隐此时的心情。

张伯拄着拐杖，一步步地走到李商隐的面前，他试图扶起李商隐。可是李商隐摇了摇头，就算是跪，他也要跪到他同意。为了晚晴，不管今天受到什么样的侮辱，他都决定忍受。

张伯叹了口气，从怀中摸出一个钱袋塞到李商隐的手中："这个你先拿着，治病要紧，不可耽误。"

"我不能要！"李商隐急忙推脱着说道，"这么多年，您没少周济我。如今您也是一把年纪，这些钱您应该留在身边。我不能要。"

"让你拿着就拿着吧，我在这里有吃有住，也用不上它。正好现在你需要，就拿去吧。"

"我真的不能要！您还是留着吧！"李商隐一再地推脱着。

"够了！"令狐绹捶案而起，怒声道，"别在我面前装可怜，你的一切都是自作自受，我是不会心软的！"随后，他的目光狠狠地瞪向张伯："你别忘了自己的身份，主人说话的地儿，哪有你这个下人说话的份儿，给我退出去！"

张伯颤抖着嘴唇，脸色惨白地退到门外。李商隐跪在地上，看

202

着张伯为自己而受如此大的委屈，心中的难过如浪涛般铺天盖地地压下来。

"不能这样对他！"李商隐吼道，"张伯在府中操劳了一辈子，连恩师都对他礼让有加。你怎么可以这样对待他？"

"他不过是我府中的一个奴才，我要怎么对他还要你来教吗？你不是来求我的吗？那你倒是好好地求我啊！或许我能网开一面！"令狐绹伫立在李商隐的面前，低头俯视着一脸愤然的李商隐，不屑地说道。

"够了，绹儿，你真的太过分了。"房门被推开，年轻的婢女扶着一个头发花白的老妪走了起来。

"师娘？"李商隐侧身相望的刹那间，泪水夺眶而出。

"好孩子，快起来。"老妇人弯腰扶起跪在地上的李商隐，慈爱地说道。

李商隐点点头，拭去眼中的泪水，起身站了起来。因为跪得太久，膝盖发麻，李商隐险些摔倒。

"你怎么可以这样对待义山呢？"老妇人扶住李商隐，转身问向自己的儿子，"小时候你们一起长大，亲如兄弟，现在为何弄得跟仇人似的？"

"娘，你不要管这些事情。"面对母亲的出现，令狐绹的神情有点不自然。

"我不管你们之间发生了什么事情，但是义山有难，你现在帮他是应该的。如果帮他寻一职位真让你很为难的话，那为娘我接他们一家人到府中，亲自找大夫给儿媳妇看病，你应该不会阻拦吧？"老妇人拉着李商隐的手，像待自己的儿子一样亲切。尽管有些风言风语传进她的耳朵，她都置若罔闻，夫君的喜好就是她的喜好。

令狐绹冷哼着拂袖而去。

"这些年，让你受委屈了。"老妇人看着一脸沧桑的李商隐，当年十几岁的少年，如今已过而立之年。

一句话唤起李商隐心底所有的悲伤，他仿佛看到自己的母亲一般，抱着老妇人失声痛哭起来。

二　归来已不见，锦瑟长于人

李商隐没有带着家人搬进令狐府，虽然没有找到事做，但是张伯的银子帮了他很大的忙。他请了大夫为晚晴好好地诊治了一番，并按大夫的嘱咐抓来草药。一日三次，他都会待在厨房里细心地熬药。

两个孩子仍然寄宿在韩瞻府中，李商隐要全心全意地照顾晚晴。每次熬好的药，李商隐都会亲自端到床前。用嘴把汤药吹得微凉，待晚晴喝过药之后，他又会变出一颗腌制得酸甜的梅子。他怕汤药太苦，她会吐出来。

晚晴在李商隐的精心照顾之下，身子也有所好转。而李商隐也接到了太学博士的任命，连忙到国子监报到。他猜想这一定是师娘的意思，这是个正六品上的官阶，俸银比起以前多了不少。李商隐怀着感恩的心情上任，太学博士需要每日上朝，所以他再见令狐绹的时候，总是投以感激的目光，尽管令狐绹对此视若不见。

一场秋雨一场凉，夏日的炎热也逐渐被秋风带走，李商隐整日奔波在朝堂与樊舍之间。虽然疲惫，但也感到满足。晚晴已不像前些时日那样咳血了，这让李商隐觉得这些日子以来的辛苦没有白费。他不让她做任何的家务，一切事情都要等他回家再弄。晚晴很听话，自身体好了些可以下床之后，她就像从前一样，在傍晚时分倚在门槛处等待李商隐的归来。

每月领取俸银之后，李商隐都会在外面买些酒菜回来，然后与晚晴闲话家常。回忆起曾经的点点滴滴，晚晴总是望着李商隐笑。那种笑容背后，是无尽的幸福，无限的快乐。李商隐尽可能地把最好的东西都给晚晴，他亏欠她太多，他不想再让她受到任何的磨难。他想真正地保护好她，一个一直为他无怨无悔付出的女人。

这天，李商隐拖着疲倦的身子回到家中，发现这次晚晴并没有在门口处等他。看着房间微弱的灯光，李商隐笑笑，打起精神走了过去。

"晚晴，你怎么了？"见到妻子躺在床上，盖着被子的身子仍在打冷战。李商隐连忙丢掉手中刚买的桂花糕，奔至床前。

听见呼唤声，晚晴睁开了眼睛。见是李商隐回来了，惨白的嘴唇动了动，发出微弱的声音："我，好冷。"

李商隐伸出手指试探晚晴的额头，滚烫的温度吓了他一跳。"你别动，我马上就来。"李商隐安抚着晚晴，转身跑出去。随后打来一盆冷水，用毛巾打湿。再拧干水，小心地擦拭着晚晴的额头。

反复地折腾数十次，晚晴的体温稍稍降了点，人也清醒了过来。李商隐长出一口气，拉着晚晴的手，温柔地问道："怎么会受了风寒呢？"

"我，我今天下午，咳咳咳……想去看看衮师和樊瑟，回来的时候淋了点雨，没想到就着凉了。"晚晴想坐起身来，可是一连串的咳嗽让她不得不老实地躺回床上。

"怎么这么不小心呢？秋天的雨很冷，浸了寒气就不好了。等你稍好一些，我就把孩子接回来，这样你就不用整天惦念他们了，好不好？"李商隐有些嗔怪，可是目光却是很温柔。

晚晴乖巧地点点头，在李商隐的守护中沉睡过去。本以为她的体温会降下来，可是李商隐早晨起来时才发现，她的高烧根本没有退去。

李商隐一边托人去国子监告假，一边慌忙地去请大夫。大夫看过晚晴的病情之后，沉重地对李商隐说道："夫人的身体因为劳累过度一直很虚弱，本身的咳病因拖延治疗，已成顽疾。这次风寒的侵入，无异于雪上加霜。"

李商隐连忙追问道："大夫，那可有什么办法治好呢？"

大夫摇了摇头，说："我暂时先开一些退烧和止咳的药，你熬好给她喝下，先让她把烧退下去吧。"大夫开了一剂药方递给李商隐，背着药箱踏出了房门。

李商隐一个趔趄跌靠在桌边，手中颤抖地拿着药方。过了许久才晃过神来，跌撞着出去抓药。待药熬好之后，李商隐端着药碗，缓缓地向床边走去。

"晚晴，快把药喝了，喝了药病就好了。"李商隐的声音极尽温柔。

晚晴勉强地睁开眼睛，看着李商隐，嘴角扯出一丝笑容。端过来的药碗泛着浓浓的苦涩味道，晚晴微皱起眉头。连日来这种苦涩的味道总是缠绕着她，她实在有些厌倦了。

"可不可以不要再喝药了？"晚晴有些撒娇地说道。

"当然不可以，只有喝了药身体才可以好起来。"李商隐扶起晚晴，轻声劝道。

晚晴倚在李商隐的身上，看着他温柔的目光，再看着黑乎乎的汤药，最后还是温顺地点了点头。

"其实，我的身体我自己很清楚，过两天就好了。不要再买这些药来喝了，喝得我都有些反胃了。"晚晴瞪着空空的汤药碗，声音委屈极了。

"好好好，再喝几次就会好起来了，好了之后就不再喝了。"李商隐抱着怀中瘦得不成样子的晚晴，心中一阵疼痛。

晚晴在李商隐的哄骗中睡了过去，他凝视着妻子熟睡的容颜，曾经她是多么的灿烂。从何时起，她开始憔悴，开始苍白的？大夫的话一遍遍地回响在他的耳边。他不相信，晚晴真的病得那么重。看她现在熟睡的容颜，多么安详，怎么会像一个病重之人呢？

可是晚晴的病重是一个难以逃避的事实，她在连续喝了几十天的汤药之后，病情依旧没有任何的好转；相反，连下床都有些困难了。

她整日躺在床上，咳嗽得越来越严重。开始时咳嗽还只是带着血丝，这几日来，她已经出现了咳血的现象。

　　李商隐在国子监告了长假，专门在家照顾晚晴。晚晴的情况越来越不乐观，她开始念叨着衮师和樊瑟。李商隐没有办法，只好请人去韩府通知六姐。韩瞻夫妇带着两个孩子赶过来时天色已晚，晚晴刚刚喝过药睡去。樊瑟才一岁，不知道发生了什么状况，只顾躲在六姐的怀里玩闹。衮师跑到床前拉扯着睡着了的晚晴，见娘亲不理他，就哭闹了起来。晚晴被哭声吵醒，看着衮师哭花的小脸，连忙伸出手来擦去他脸上的泪痕。

　　"衮师，你以后一定要听爹爹的话，好好学习诗文。长大后要像爹爹一样，知道吗？"晚晴气息虚弱，只说了几句话，便觉得无力。

　　衮师听话地点点头，稚声稚气地说道："我一定好好读书，长大以后像爹爹一样。"

　　晚晴慈爱地看着年幼的儿子，目光里满是疼爱与不舍。许久，晚晴把目光转向六姐，六姐会意地将怀中的樊瑟抱到床前。小樊瑟刚满一岁，她瞪大眼睛看着晚晴，胖乎乎的小手伸向她。晚晴勉强支撑起身子，将女儿抱在怀中。

　　"樊瑟啊，娘亲不能好好照顾你长大成人了，是娘亲对不住你。你以后要听爹爹和哥哥的话，知道吗？"

　　小樊瑟瞪着一双灵动的大眼睛看着晚晴，小嘴巴张张合合地嘟囔着。仔细听来，竟是她在叫着"娘"。晚晴心疼地搂紧樊瑟，亲了又亲。

　　"七妹，你不用担心，我会把小樊瑟当成自己的女儿一样养大的。"六姐强掩住自己心中的难过，向晚晴说道。

　　晚晴点点头，把怀中的女儿认认真真地看了一遍，又交到六姐手上。

"六姐，你先带他们回去吧，剩下的时间就让我和夫君单独待会儿吧。"晚晴的气息越来越弱，看着自己一双年幼的儿女，她的心中满是不舍。可是她也知道自己的时间不多了，对于李商隐，她还有别的事情要做。

"有我们照顾两个孩子，你尽管放心吧。"六姐夫韩瞻低沉着声音安慰晚晴。他冲着妻子点点头，便抱起衮师，一并退出了房间。

"夫君。"晚晴看着李商隐憔悴的容颜，轻声唤道。

李商隐连忙坐到床边，扶住晚晴，说道："你别动了，快躺下休息吧。"

"我知道我时间不多了，你扶我下床，到那里。"晚晴纤细的手指指向了她的琴几处。

"你现在这么虚弱，还是先休息吧，等病好了再弹琴。"李商隐轻柔地劝慰晚晴。

208

晚晴摇了摇头，说道："我知道自己时间不多了，我想再弹一次曲子给你听，就像我们最初认识的时候一样。"

李商隐的心狠狠地纠结在一起，他不再劝阻，扶着虚弱得不成样子的晚晴，一步步地走向琴几。

"你还记得我们第一次相见的时候，我弹的是什么曲子吗？"晚晴依靠着李商隐问道，那目光瞬间变得悠长，仿佛回到了他们相识时的那个城楼。

"记得，是《潇湘云水》。"

晚晴的手指抚在那把泛着幽光的锦瑟上，琴音便像行云流水一般，在这个清凉寂静的夜里，从她的指尖处缓缓传出。

时光仿佛倒退一般，一幕幕不断地从眼前闪现。他们第一次相识，他写给她的情诗，她以琴音送他远行，她侧倚门盼他归来……

"夫君，你从不知道我有多爱你，从我在皇宫东门处第一次见到你开始，那时我坐在马车上，你还不知道我。"

"我知道，我都知道。都是我不好，没能给你好的生活，反而跟着我受累，我没有照顾好你。"李商隐一想到这些年来晚晴对他的付出，他就痛恨自己的无能为力。

"不要这样说，"晚晴勉强地笑笑，伸手抚平他因为悲伤而皱起的眉头，"跟你在一起，我是幸福的。虽然苦了点，累了点，但是我不后悔。"

"晚晴……"李商隐的泪水再也忍不住，滑落在琴弦上，像碎了的水晶。

"不要伤心。我以后不能再照顾你了，你要照顾好自己。"晚晴深情地凝视着李商隐，她想要牢牢记住这张脸。如果有下辈子，她会凭着记忆找到他。

"我会的。"李商隐哽咽着声音答应着，怀中的晚晴好轻，轻到他几乎感觉不到重量。

"那我就放心了。"晚晴靠在李商隐的胸前低语，她听得到他心跳的声音。她能听出他的不舍，他的爱恋，他的痛楚，他的悲伤。

"你是世上最好的妻子，你从来没有埋怨过我半句……我在官场上的诸多不顺，你总是一再地包容我，你是那样的温柔体贴……你从不让我分心，总是一个人默默地承受着所有，你真是个傻女人……"李商隐搂着怀中的妻子，独自呢喃着。追忆往昔，晚晴真的为他付出了太多太多。而他为她能做的，似乎太少太少了。

怀中的晚晴闭着双眼，嘴角还挂着笑意，不知那笑意是幸福还是满足。李商隐的泪水无声地滑落下来，他抱起晚晴走向床边。看着那熟睡般的容颜，李商隐的吻落在了她的额间。

推开房间的门，李商隐就看到韩瞻夫妇带着孩子站在院中。

"我们想多陪陪她。"六姐哽咽着说道。

"晚晴她，已经走了。"李商隐仰望无边的夜色，沉痛地说道。

房中曲

蔷薇泣幽素，翠带花钱小。娇郎痴若云，抱日西帘晓。

枕是龙官石，割得秋波色。玉簟失柔肤，但见蒙罗碧。

忆得前年春，未语含悲辛。归来已不见，锦瑟长于人。

今日涧底松，明日山头蘗。愁到天池翻，相看不相识。

娇艳的蔷薇花上凝结了晶莹的露珠，仿佛是在哭泣。初开的花儿花朵小巧，像是带了翠带。这么忧伤的场景孩子怎么会知道呢？他只顾痴睡。待到西窗的竹帘透出拂晓的光，你睡过的枕是龙宫宝石所做的，仿佛是秋波之色光鉴照人。竹席之上再也见不到你的柔肤玉体，只看到一床翠绿色的被子。记得前年的春天，我们分别时，你未语先落泪，那时候的你是否已经有病在身了呢？我总是到最后才能体谅你的悲苦辛劳。而如今再踏进这房中，你已不见了踪影。只有这把锦瑟，透过月光，泛着清冷的光，让我一遍遍地想起你的好。我本就像一棵长在涧底的松树，从未得志，而如今更是雪上加霜。愁苦到天翻地覆之日，沧海变成桑田之时。或许我们还可以相见，只是相见之后，恐怕你再也认不出我来了。

晚晴的葬礼布置得很简单，除了几个家人，李商隐也没有通知其他人。葬礼的所有事宜都是李商隐亲自着手办理的，他不要任何人帮忙。他想一个人安安静静地陪着她，这是他最后能为妻子做的事情。

妻子的亡故让李商隐一度沉溺，他整日守着樊居，看到那一花一草都会想起晚晴来。六姐几次过来找他，试图让他搬过来一起住，可是李商隐都拒绝了。这小院中处处都有晚晴的影子，那墙角的菊花是晚晴亲手栽的，那篱边的菜是晚晴自己种的，那池里的鱼儿都是晚晴喂大的……他就这样一遍遍地回忆。这里的一花一草和一砖一瓦，仿佛都衬着晚晴的笑意，他的心从疼痛一点点变成了冰冷没有温度。

国子监他也没有再去，本来一切都是为了照顾晚晴的。可如今晚晴都不在了，那还有什么意义呢？韩瞻找到李商隐的时候，他正抱着一坛酒，盯着房中那把锦瑟发呆。

"你的好友柳璧找到我，说他父亲柳仲郢现在任梓州刺史。他也知道了你最近的情况，想让你去东川帮助他的父亲。"韩瞻把李商隐手中的酒坛放到一边，语气低缓地说道。这样的李商隐不是他愿意见到的。

"我不想去。"李商隐目不斜视，直接回绝了他。

"你还是去吧，免得留在这里触景伤情。"韩瞻劝解着说道。

"我不去。"那语气没有一点温度。

"够了义山！你不能再这样下去了！晚晴都走了一个多月了，你除了整日喝酒发呆，你还能干什么？晚晴若是地下有知，她也不希望看到你这个样子！"韩瞻愤怒了，这个样子的李商隐，真的让他好担心。

李商隐的手明显地颤抖了一下，嘴唇动了动，却始终没有说出话来。韩瞻见状也不再说话，重重地叹息了一声，摔门而去。

第二日的清晨，韩瞻一开房门，便看到一脸倦容的李商隐。这段时间以来，他苍老了许多。

"我要去东川了，我来看看孩子。"李商隐的声音很是沙哑，看来他是一夜未眠。

"孩子还在睡觉，我这就去叫他们起来。"能听到李商隐这样说，韩瞻很是高兴，他终于振作起来了。

"不用了，我只看看他们就好。"李商隐说道。

韩瞻点点头，领着李商隐到了厢房，两个孩子躺在床上，睡得很安稳。李商隐缓缓地走到床边，静静地看着自己两个年幼的孩子。他什么也没有说，只是看着，一遍又一遍。看了许久，他才走出房间。

"两个孩子就交给你们照顾了。"李商隐看着韩瞻和六姐，深深地鞠了一躬。

"你放心去吧，我们会把他们两个当成亲生孩子来照顾的。"六姐抹了一把眼角溢出的泪水，答应道。

"那就好。"

李商隐踏出了韩府，他没有回头，没有任何留恋地再一次踏上东行的路。或许他不是没有留恋，只是他的心留在了这里。走的，只是一个人而已。

十一月的东川开始飘起漫天大雪，李商隐裹紧单薄的衣服。望着前面的大散关，心中一片凄凉。

若是晚晴还在，这个时候她准会给我寄来冬衣了。李商隐暗暗想着，忍不住泪花泛上眼角。

天大地大，却再也没有那一个牵挂他的人了。李商隐望着白茫茫的天地间，仰天高喊："剑外从军远，无家与寄衣。散关三尺雪，回梦旧鸳机。"

晚晴，你可知道我有多么想你啊！

柳仲郢很厚待李商隐，可是他再也没有昔日的激情。

刚到东川不久，与东川相邻的西川发生了一桩案子，朝廷下令东川派人过去处理。柳仲郢鉴于西川节度使杜悰与李商隐是表兄弟关系，派了李商隐前往。

这本是一桩打架斗殴的案子，并不复杂，只是杜悰无能和懒惰。李商隐很快就理清案情，处理了此事。杜悰见这位表弟没有上书参奏他失职，心中很是感激。于是摆宴款待李商隐，以表自己的谢意。

宴席尽极奢华，有美丽的女子在席间跳舞助兴。觥筹交错间，李商隐觉得这喧闹的场景都如浮烟，他早已不再留恋这一切。这本是为他而设宴，却没有人注意到最早离宴的偏偏也是他。

李商隐不喜欢这奢华的生活，他想早些回到东川。可是杜悰一再挽留，这让他很是为难。过了年，朝廷遣杜悰去了淮南任节度使，白敏中离开朝廷而任西川节度使。李商隐得到消息后，拜别杜悰，回到了梓州。

这东川一住便是四年，日子过得平静如水。除了夜深人静的时候，他经常想起晚晴，想起离自己千里之遥的儿女之外，他觉得一切都很好。

三　夕阳无限好，只是近黄昏

大中九年（公元855年）冬，柳仲郢被调回长安任吏部侍郎，梓州幕随之解散。幕僚们都散去各寻出路，只有李商隐，讷讷地没有任何行动。

柳仲郢有些愧疚地对李商隐说道："过些日子，也许朝廷会另有安排，到时候我再请你到我的幕府来。"

李商隐淡淡地笑着，柳仲郢对他好他不是不知道。只是柳仲郢不知道他心中的热情斗志早已熄灭。现在的他根本不在乎这些了。但是他仍不愿辜负了柳仲郢的好意，他轻声地答应着："我等你的消息。"

李商隐没有同柳仲郢一道返回长安，如今已是春暖花开，他想去四处转转，于是雇了一辆马车。马车徐徐前行，李商隐兀自观望着沿途的风景。

这一日，马车行至垣曲。眼前出现一座雄伟的大山，绵延着伸向远方。李商隐感觉此地有些眼熟，连忙问车夫到了哪里。

"这座山便是王屋山。"车夫回答道。

"王屋山……"李商隐重复着马夫的话，他忽然记起，很多年前他就是从这里登上玉阳山的。那个时候，还有张永陪着他。

既然是故地，就该重游。李商隐辞别了车夫，一个人随着记忆中的路，一步步踏上玉阳山。风还是一如既往从山脚跑到山顶，有树叶哗啦啦地响着。顺着山路，李商隐走到了两山中间的山谷处。那一池荷花，如今已是含苞待放。记忆的大门被重新打开，他记起，在这里他有过一段生离死别的爱情。时间不过是过去了二十年，怎么感觉这好像是前世的记忆？李商隐叹息着，随着山路来到了灵都观。

玉阳山的道观早已不复昔日繁华，灵都观紧闭着观门。石阶上长满了青苔，观门上的铜环已经锈迹斑斑。李商隐上前伸出手去，却见观门从里面打开了。

是一个中年的道士，四目相对时，李商隐的眼中泛起了泪花。

"你是张永。"李商隐颤抖着声音说道。

中年道士见到李商隐的第一眼时，目光中闪过一丝惊诧。随后便淡然下来，没有激动的表情，没有熟悉的动作，连声音都是那样的平静："既然来了，就进来坐坐吧。"

"你，真的出家了。"李商隐呢喃着，像是问话，又像是自语。

"失意的心总是要有个归处，既然不再留恋尘世繁华，这里也许是我最好的归处。"张永的语气依然平静，听不出任何的波澜。

"也许你是对的，与其在尘世间饱受磨难，真不如留在这里清心修道。"李商隐轻叹一口气，这一别二十多年，真的是磨难重重。

"一切皆有定数吧。"张永轻轻说道。

李商隐沉默，端起桌上的茶杯。那杯中的水还在滚烫，卷曲的茶叶正在一点点展开，像他此时的记忆。

"我能问你一件事吗？"李商隐侧过头问张永。

"你是想知道她们的事情吧。"张永微低下头。沉默了好长一段时间，才开口说道："自你走后，宋华阳就被安康公主关了起来，本来玉阳还可以时不时地出来走动走动。可是后来公主发现宋华阳有了身孕，大怒之下就赐死了宋华阳。玉阳也因此受到牵连，被禁足不得出门。后来公主远嫁吐蕃，她带走了玉阳，我就再也没有见过她了。是我隐瞒了这个消息，没有告诉你。有时候，不知道一些事情反而是幸福的。"

"你说华阳她，怀了我的孩子？"李商隐恍惚，他从不知道，华阳有过他的孩子。

"可也是因此丢了性命。"张永低下头来，往事悠悠，真是不堪回首。

李商隐呆坐在椅子上，他记起很久很久以前，他曾不断地打听过她的消息。他想过很多结果，就是从来没有想过她早已经离开人世，带着他的孩子。

李商隐默默地离开灵都观，他不知不觉地走到了灵都观。李商隐颓然地坐在琼瑶宫中，悲伤铺天盖地而来。曾经华丽的琼瑶宫，如今也是残破不堪。破旧发黄的幔帐随着风四处飘荡，像他孤苦的灵魂。李商隐再也控制不住，放声痛哭。

重过圣女祠

白石岩扉碧藓滋，上清沦谪得归迟。

一春梦雨常飘瓦，尽日灵风不满旗。

萼绿华来无定所，杜兰香去未移时。

玉郎会此通仙籍，忆向天阶问紫芝。

圣女祠的门扉滋长了那么多翠绿的苔藓，而圣女从上清宫被贬到凡间，却迟迟回不了天庭。这是不是有点像我多年蹉跎于下僚呢？这飘忽迷蒙的雨总是打湿瓦片，可是这灵风起飞，却怎么不能将祠前的幡旗吹起。萼绿华的仙踪飘忽不定，杜兰香升天也是不久前的事情。遥想从前，那掌管仙籍的玉郎曾经与圣女相会，帮助她登上仙界。那时的圣女曾在天宫的台阶上采取紫芝，过着自在悠闲的神仙生活。可是如今被贬下凡间，幽居无托，要如何才能释然呢？

大中十年（公元856年）秋天，柳仲郢再次找到李商隐，他被调任为盐铁转运使。他履行他的诺言，邀李商隐为盐铁推官，随他一起去江都赴职。

李商隐漫步在这江南小城，十里秦淮永远都是弦乐声声，歌舞升平。那份喧闹，却与这现世的悲怆格格不入。

李商隐去了江都最豪华的宫苑——隋炀帝的行宫，那高大的宫殿高耸入云。整个宫殿被紫霞缭绕，难怪杨广想放弃帝都长安来这里定都。如果不是那玉玺换了主人，他的龙舟应该游得很远了吧？

216

"放萤院。"李商隐自语。这是隋炀帝放萤火虫的地方。听说他在洛阳的景华宫中曾求萤火虫无数，在夜游时放置山中。当时的整个山都被照亮，很是美丽壮观。可是如今这隋宫中腐草丛生，却再也不见萤火虫了。隋堤有一千多里，沿途种着杨柳护堤，可是现在不断有乌鸦飞来栖息。哪还有当年的繁华热闹？目及所处，无不是凄楚冷寂。

不知是哪里的歌女在唱《后庭花》，李商隐听闻，忍不住嘲笑道："隋炀帝啊，你曾讥笑陈后主沉于声色导致亡国，而你自己呢？怕是有过之而无不及吧？同为亡国之君，若是地下相逢，你还敢不敢再提《后庭花》了呢？"

隋 宫

紫泉宫殿锁烟霞，欲取芜城做帝家。

玉玺不缘归日角，锦帆应是到天涯。

于今腐草无萤火，终古垂杨有暮鸦。

地下若逢陈后主，岂宜重问《后庭花》？

"留下这首诗，以警后世之君吧。"李商隐无力地叹息着。

李商隐真的老了，身子时不时地生病。而且这病，休养的时间一次比一次长。他觉得疲惫，他好想回到自己的樊居，好好休息。于是他向柳仲郢辞去了盐铁推官的官职，尽管这是个肥缺，但他的心早已不再留恋官场了。

柳仲郢虽然舍不得李商隐走，但也没有勉强他。临行之前，柳仲郢拍着李商隐的肩膀，像个长辈一样叮咛着他："回去好好养病，把身体调养好才是最重要的。"

李商隐点点头，柳仲郢对他的厚爱，他一直铭记在心。只是现在，他是真的无法再报答他的恩情了。

"您也要保重身体。"李商隐向柳仲郢深深地鞠了一躬。

马车在行驶到巴蜀之地时，正是秋天，巴蜀之地涨水的季节。李商隐逗留在巴山下的客店里，望着夜雨，思念接踵而来。

"夫君，你什么时候回来呢？"是晚晴轻柔的声音。

"巴山秋雨，涨水不断，我也不知道何时才能到家。"李商隐迷茫着双眼，说道。

"什么时候我们夫妻能坐在家中，一起剪灯夜话呢？"

"我也想与你团聚，共同追述今天巴山夜雨中我对你的思念。"李商隐呢喃着。一晃神间，发现屋中空空，根本没有晚晴的影子。

"是我太想你了吧，我总是觉得你就在我的身边，并没有离我而去，只是我看不到你。

> 君问归期未有期，巴山夜雨涨秋池。
>
> 何当共剪西窗烛，却话巴山夜雨时。

这首《夜雨寄北》是我念给你听的，晚晴，你能听到吗？其实我曾经写过很多的诗给你，《相思》、《青陵台》，还有《房中曲》，都是我在想你。我在念诗给你听，你能听到吗？"李商隐对着空荡的屋子，独自低语。

大中十二（公元858年）年，李商隐回到了长安，十二岁的衮师站在樊居的门槛处等他。自从他接到父亲归来的消息后，他便将家中打扫干净，每日都会站在这里等待父亲。

马车停在了门口，衮师看到了久别的父亲。他小心地扶着父亲下车，那瘦弱的手指紧抓着他，仿佛他是他生命的倚靠。衮师心中突然一酸，记忆中的父亲还是高壮的模样。从什么时候开始，他已经苍老成这个样子。

韩瞻夫妇带着樊瑟来看李商隐，樊瑟已经八岁了，模样乖巧可爱。可是见到李商隐时，眼中的陌生还是刺痛了李商隐的心。是啊，小樊瑟从小在韩府长大，他离开的时候，她还是个抱在怀中的幼儿。她怎么会记得他这个父亲呢？不过也好，他本就是一个失败的父亲。只要她生活得好，其他的他也不再计较了。

六姐想让李商隐搬到韩府一起生活，李商隐摇头拒绝了。他想待在自己的樊居，这里才是他的家，有着他所有的记忆。六姐拗不过，于是就随了他。衮师坚持要留下来照顾父亲，李商隐不反对，六姐便依了他。

夏日的午后很静谧，衮师总是会扶着李商隐坐到院中，父亲喜欢看那一池的荷花。衮师知道，那是娘种的。午后的阳光很温暖，父亲总是看着看着就睡了过去。那安详的模样，让衮师总是担心他再也不会醒来。

"父亲，家里来客人了。"衮师从身后走近，靠近李商隐的耳边，轻声地说道。

"谁啊？"李商隐缓缓睁开眼睛。

"义山老弟，我来看看你。"是苍老的声音在背后响起。

218

"是飞卿。"李商隐有些激动，他的知心好友，怕也只剩下温庭筠了。

"是啊，我听说你病了，就过来看看你。"温庭筠坐在衮师搬过来的椅子上，说道。

"人老了，总是有一些病痛的。"李商隐说得轻描淡写。

"我也是，人不服老是不行的，现在的身体大不如前啊。"温庭筠感慨着。

"不管怎样，一看到你来了，我所有的病都好了。"李商隐笑着，拍着温庭筠的肩膀，一如从前的模样。

"好啊，那我们出去走走吧。我听白老说，你现在很少出门走动了。"温庭筠提议。

"好啊，那就出去走走。"李商隐点头。

"那我去备车。"衮师一听说父亲愿意出去走动，赶紧跑出去准备。

车子驶向了长安郊外，在郊外的最高处停下。乐游原在秦代属宜春苑的一部分，得名于西汉初年。登上它，就可以观望整个长安城了。

衮师停好车子，扶着李商隐和温庭筠下了马车。天地被落日的余晖笼罩着，一草一木都变得格外温暖亲切。

向晚意不适，驱车登古原。

夕阳无限好，只是近黄昏。

李商隐望着眼前的美景，忍不住吟诵心中的感慨。

"唉，"温庭筠的一声叹息，落在风中，飘向了远方，"夕阳无限好，只是近黄昏。说得真好，傍晚时分，金光一片，异常美丽。只可惜将近黄昏，美景并不久矣。"

"短暂的，却总是最美的。"李商隐望着眼前的景色，目光含着笑意。

"义山，你我都是饱经磨难的人。如今一把年纪，回望这一生，你可曾后悔过？"温庭筠问道。

"后悔？没有吧。不过遗憾倒是有，如果有来生，我一定不会再辜负那些痴爱我的女子。"

温庭筠听了李商隐的回答，原本平静的面容，现在微皱起了眉头。

"怎么，你也有辜负的女子？"李商隐问道。

"算有吧。"温庭筠应道，目光变得悠长，"这几年闲在家，我便招收了很多慕名而来的女弟子，其中有一个叫'鱼幼薇'的弟子。她聪慧漂亮，才华卓越，很受我的喜爱。幼薇家境贫寒，我便经常帮助她。如此一来，她对我的爱慕更是与日俱增。"

"那你就收了她吧，老来身边也好有个人照顾你。"李商隐说道。

温庭筠摇了摇头，说道："幼薇是个美人，又是个才女，她的名气早已轰动长安城了。爱慕她的人很多，这中间不乏王孙贵族。跟着我一个行之将朽的老头子，有什么意义呢？"

"你变了，飞卿。以前的你留恋花丛，从来不会想这些。"李商隐善意地嘲笑着。

"也许吧，人老了，看事情总会不一样的。"温庭筠不以为然。

"其实，有些时候我们都不懂爱情。女人一旦有了爱情，她们不会计较很多，甚至会为了你放弃更多。"

"我拒绝了幼薇，这丫头一气之下就跑去出家，还取了道号叫'鱼玄机'。唉，不管怎样，我都不能答应她。"温庭筠的语气轻柔却很决绝。

"这是何苦呢？"李商隐疑问。

"算了，不说这些了。时间不早了，我们还是早些回去吧。"温庭筠担心李商隐的身体，夜晚总会有些凉意。

天气转入秋季，开始有些微凉。李商隐不再去院中晒太阳，只是偶尔在天气好的时候让衮师扶着他到院中走走。更多的时候，他只待在房间里，对着晚晴留下的那把锦瑟，痴望不语。

衮师发现给父亲送去的饭菜，他吃的越来越少。衮师担心地问他是不是不对胃口，李商隐只是摇头说不饿。于是衮师就换着法做些爽口的饭菜，可这种状况依然没有改变。

"爹，这是我刚熬的小米粥，你喝一点儿吧。"衮师端着白瓷碗走了进来，看到父亲正坐在母亲的那把锦瑟前，连忙放下粥碗，靠了过来。

"爹，你要弹琴吗？"衮师问道。

"白老，你知道这琴为什么不是五十弦吗？"李商隐头也不抬地问道。枯瘦的手拂过琴弦，有低低的乐音传出。

"我，我不知道。"衮师有些心虚地答道，他不知道父亲为何这样问他。

"在上古时代，黄帝听素女鼓瑟，悲伤得不能自已。就将那五十弦的瑟破之，一半留于天上，一半留于人间。以前你只听过娘弹琴，今日爹给你弹一曲。"

琴弦在李商隐的拨弄下发出悲鸣的声音，像是无尽的等待，又像是低诉的思念。乐音缓缓流淌，像是忧伤不断地涌出，占据了整间屋子，感染了屋子里的人。衮师虽然不是很懂琴乐，却还是感觉这曲音太过凄凉，心中的感伤不断地扩大。

一曲弹罢，李商隐很虚弱。衮师扶起他坐到床边，轻声说道："爹，你累了。我去取粥来，喝过之后你就躺下休息一会儿。"

"我就知道，你会来接我的。"李商隐的眼睛看着门外，他看到晚晴一脸笑容地冲着他招手。

衮师取过粥来，发现父亲靠着床边睡着了，嘴角还挂着笑意。

"爹，吃点东西再睡吧。"衮师轻唤。

李商隐依然紧闭着双眼，没有任何反应。衮师再次唤着，可是父亲还是没有反应。一种不好的感觉爬上心头。衮师丢掉手中的碗，用力地摇晃着父亲，可是他再也唤不醒父亲。

李商隐就这样去了，在大中十二年的深秋。

当他的死讯传遍整个长安时，有不少人为之叹息。死讯传到宰相府的时候，令狐绹的身子一晃，险些摔倒。那个他发誓要从记忆中抹杀的人，原来一直住在他的心底。不管曾经发生了怎样的事情，他的离去使一切都成了空的，对与错都不再重要了。

生前没有引起诸多关注的李商隐，死后却引起了轰动。他的诗文被人不断地抄诵，那些直斥朝政的文章，更是备受追捧。有人说他是敢为百姓说话的诗人，有人说他是多情重意的男人。可是不管说什么，他都听不见了。

衮师在收拾父亲遗物的时候，发现了父亲留下的一首诗：

无　题

锦瑟无端五十弦，一弦一柱思华年。

庄生晓梦迷蝴蝶，望帝春心托杜鹃。

沧海月明珠有泪，蓝田日暖玉生烟。

此情可待成追忆，只是当时已惘然。

当青涩年华匆匆而去，一头乌发变得花白。在我们仰望天空追忆曾经过往时，是否也会像庄周那样向往自由自在的蝴蝶？是否也会像望帝那样，用美好的心灵和行动来感动杜鹃呢？聆听五十弦乐声，思往昔年华悠悠。南海外鲛人的眼珠，抑或是蓝田山的良玉生烟。那些美好的人和事，都只能永远地留在了记忆之中。那些简单的快乐，纯真的笑容，为什么在当时都只觉得稀松平常，从未曾珍惜，而在多年以后，才感觉到曾经的茫然呢？

"父亲的诗，真是越来越难懂了。"衮师轻叹着，把纸笺夹在了父亲的《樊南文集》里，走出了房间。

樊居自此一片寂静，只有那把锦瑟映衬着从窗户里透进来的月光，泛着幽暗清冷的光芒。

反侵权盗版声明

电子工业出版社依法对本作品享有专有出版权。任何未经权利人书面许可，复制、销售或通过信息网络传播本作品的行为；歪曲、篡改、剽窃本作品的行为，均违反《中华人民共和国著作权法》，其行为人应承担相应的民事责任和行政责任，构成犯罪的，将被依法追究刑事责任。

为了维护市场秩序，保护权利人的合法权益，我社将依法查处和打击侵权盗版的单位和个人。欢迎社会各界人士积极举报侵权盗版行为，本社将奖励举报有功人员，并保证举报人的信息不被泄露。

举报电话：（010）88254396；（010）88258888

传　　真：（010）88254397

E-mail：　dbqq@phei.com.cn

通信地址：北京市万寿路173信箱

　　　　　电子工业出版社总编办公室

邮　　编：100036